国际安徒生奖大奖书系

GUOJI ANTUSHENGJIANG DAJIANG SHUXI

在我是个小男孩的时候

ZAI WO SHI GE XIAONANHAI DE SHIHOU

方卫平　主编

〔德〕埃里希·凯斯特纳　著

谢凤丽　译

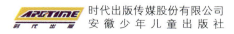

时代出版传媒股份有限公司

安徽少年儿童出版社

著作权登记号:皖登字 121414041 号

Title of the original edition:

Author: Erich Kästner

Title: Als ich ein kleiner Junge war

Illustrated by Horst Lemke

Copyright ©️ Atrium Verlag, Zürich 1957

Chinese language edition arranged through HERCULES Business & Culture GmbH, Germany

中文简体字版由安徽少年儿童出版社在中国大陆地区独家出版发行

图书在版编目(CIP)数据

在我是个小男孩的时候 /(德)埃里希·凯斯特纳著;谢凤丽译. —合肥:安徽少年儿童出版社,2016.8

(国际安徒生奖大奖书系 / 方卫平主编)

ISBN 978-7-5397-8793-0

Ⅰ.①在… Ⅱ.①埃… ②谢… ③方… Ⅲ.①凯斯特纳 – 传记 Ⅳ.① K835.165.6

中国版本图书馆 CIP 数据核字(2016)第 165677 号

方卫平　主编

[德]埃里希·凯斯特纳　著

国际安徒生奖大奖书系·在我是个小男孩的时候

谢凤丽　译

| 出　版　人:张克文 | 责任编辑:林　群 | 责任校对:冯劲松 |
| 装帧设计:缪　惟 | 责任印制:田　航 | |

出版发行:时代出版传媒股份有限公司　　http://www.press-mart.com

安徽少年儿童出版社　E-mail:ahse1984@163.com

新浪官方微博:http://weibo.com/ahsecbs

腾讯官方微博:http://t.qq.com/anhuishaonianer(QQ:2202426653)

(安徽省合肥市翡翠路 1118 号出版传媒广场　邮政编码:230071)

市场营销部电话:(0551)63533532(办公室)　63533524(传真)

(如发现印装质量问题,影响阅读,请与本社市场营销部联系调换)

印　　制:合肥华云印务有限责任公司		
开　　本:710mm×1010mm　1/16	印张:9.75　插页:2	字数:150 千
版　　次:2016 年 8 月第 1 版	2016 年 8 月第 1 次印刷	

ISBN 978-7-5397-8793-0　　　　　　　　　　　　　　定价:25.00 元

汉斯·克里斯蒂安·安徒生奖
HANS CHRISTIAN ANDERSEN AWARD

　　"安徒生奖"全称汉斯·克里斯蒂安·安徒生奖,是由国际儿童读物联盟(IBBY)设立的、国际上公认的儿童文学作家和插画家的最高荣誉奖项,素有"小诺贝尔奖"之称。该奖项每两年评选一次,于 1956 年首次设立儿童文学作家奖,并于 1966 年增设了插画家奖,以表彰获奖者为青少年儿童文学事业做出的永久贡献。评选过程中,提名作家和插画家的所有作品都要经过筛选。获奖者会被授予一枚刻有安徒生头像的金质奖章和荣誉证书,许多优秀作家和插画家因获得这一奖项而永载史册。

国际安徒生奖大奖书系
GUOJI ANTUSHENGJIANG DAJIANG SHUXI

总策划:刘海栖　张克文

主　编:方卫平

顾　问:

艾哈迈德·莱泽·卡鲁丁(国际儿童读物联盟 IBBY 主席)

玛丽亚·耶稣·基尔(安徒生奖评委会主席)

海　飞(原国际儿童读物联盟中国分会 CBBY 主席)

王　民(安徽出版集团有限责任公司董事长)

田海明(安徽出版集团有限责任公司总经理)

林清发(安徽出版集团有限责任公司总编辑)

张明舟(国际儿童读物联盟 IBBY 执行委员会委员、

中国分会 CBBY 副主席)

总统筹:徐凤梅

●●● 序言

亲爱的小读者和大读者们：

　　长久以来，我的朋友们发现了一个有趣的现象，那就是我的每一本书都必定带有序言。噢，是的，我的某些书甚至附带了两个或者三个序言！在这方面，我一直是乐此不疲的。如果有人认为这是个坏习惯的话，我也没有办法改变。首先，人是很难改掉坏习惯的；其次，我倒认为，这不是个坏习惯。

　　序言对于一本书而言，好比是一座房子的前庭花园一样，那么漂亮又那么重要！当然，有一些房子没有前庭花园，也有些书没有小序言。哦，请原谅，应该说是序言。但是，如果一本书带了一个小花园，哦不，是一个序言，会令我更加喜欢它。我不太习惯那样，一位访客推开门径直就进入屋子了，这不论是对来访者还是对屋子里的人都是不好的，对门也是不好的。

　　想象一下，穿过一个盛开着鲜花的花坛，比如说盛开着绚丽的五彩缤纷的三色堇的小花坛，在一条又小又窄的碎石小径的指引下，您站到了房子门口的台阶前，再踏上三级或四级台阶，您就可以撅响门铃进入屋子。这难道是一件坏事情？那些没有花园的出租屋，住在里面多没意思啊。可是用来专门租赁的七十多层高的摩天大楼，近些年却因为需要而越来越多，真是令人感到遗憾。一本大部头，像一块厚砖头一样重的书，

当然需要序言。但对于我来说,即使是一座小屋,我也喜欢它拥有一个美丽的前庭花园,花园里盛开着三色堇和大丽花。所以,即使一本小书要让读者轻巧方便地带上,也需要它自己的序言。

我是在租来的房子里成长的,根本就没享受过带花园的房屋,也许是有这方面的原因,所以我对此很渴望。于我而言,后院就是我的前庭花园,菩提树枝就是晾衣竿。这根本用不着掉眼泪。后院和晾衣竿有时候在我看来也是很不错的。我很少为此掉眼泪,更多的时候我总是笑呵呵的。在我很小的时候,我就感受到,院子里的丁香花和接骨木花有着难以言说的美丽。如今,对此美景我能体会到更多。现在,我终于拥有了一个属于自己的房屋,带有一个前庭花园,甚至屋后还有一大片草地。玫瑰、紫罗兰、郁金香、雪花莲、黄水仙、波斯毛茛、婆婆纳、风铃花、勿忘我竞相开放,夏日的暖风拂过成片的一米多高的茂盛草丛,欧鼠李、接骨木一树繁花盛开。除此之外,我还拥有两棵高高的白蜡木树和一棵苍老快腐朽的赤杨树,甚至还因此招来了蓝山雀和大山雀、红雀、蓝带雀、红腹灰雀、乌鸫、花斑啄木鸟、喜鹊。有时候,我都觉得自己幸福得简直要让别人妒忌了!

在这本书里,我要跟大家讲一讲我小时候的一些事儿。只挑几件事情,不准备全部都讲。否则的话,这本书就会变成一本砖头重的大部头了,我可不喜欢这样,我的写字台可不是一个造砖厂;再说了,以前发生的事儿,不是孩子们都能想象和体会得到的。既然我这本书是写给孩子们看的,就要写一些他们能够理解的事儿。这一点是一定要注意的,我也觉得要这么来写。好了,你们要相信我,我写出来的一定是适合孩子们的。

以前呢,我也曾是个淘气的小男孩,现在我已然是个五十多岁的老头子了,五十多岁啊,也就是半个世纪啊(真希望我没有这么换算过)。我把那些我经历过的美好时光回忆出来,你们一定很感兴趣。你们一定想知道,一个人从一个小孩子变成年过半百的老头子,中间都发生过些什么故事。

我小时候啊,跟现在完全是两个样子的世界。我还记得,那时候城市的街道上也有很多车子在行驶,不同的是,这些车子自己不能走,要用马拉着才能往前走。乘务员同时担任着马车夫的角色,要挥舞着皮鞭来赶马车。现代社会的人习惯看到女人们穿着又简单又短的裙子,但是那时的女人们都裹着一身又长又紧身的曳地长裙,走起路来每次只能迈出很小的一步,根本没办法自己上车。所以她们需要乘务员或者是力气比较大的男人的帮助,往上托举一下才能上得了马车。进车厢的时候,她们还要低下脑袋往一边歪着才能进去,因为她们头上都戴着那种又大又高的帽子——几乎跟车轮差不多大——上面插满了各种颜色的羽毛,还有长长的扣帽饰针,这种看上去很危险的针状物是警察允许携带的!那时候我们还有一位国王,国王的嘴巴上留着一撇又长又翘的小胡子。他在柏林的宫廷理发师曾为他设计了一个将左右两撇胡子从嘴巴上方连接在一起的特别造型。这种特别的美髯设计深受大众好评,为此他还接受了不少报纸和杂志的采访。接下来,许多德国男人纷纷开始效仿起来,他们每天梳洗后,也学着国王的样子将自己嘴巴上面的两撇胡子从两边接到一起,看起来非常滑稽可笑,这常常要花上半个多钟头才能弄好,他们在专心打扮的时候,可以一句话也不讲。

　　那时候我们还有一位萨克森国王,每年都会为国王举行几次盛大的游行活动。例如在国王的生日那天,就要举行一场盛大的阅兵庆典活动。步兵、国王的护卫兵以及骑兵都穿着各式各样色彩鲜艳的制服,看上去蔚为壮观。当天在德累斯顿的阿劳恩广场上,士兵列队整齐盛装待发。骑士们穿着胸铠。来自萨克森州的格罗森海因和鲍岑的轻骑兵们穿着匈牙利式制服,胸前斜戴着一条宽宽的绶带,头上戴着高高的棕色皮毛帽。来自奥沙茨和罗赫利茨的重骑兵身穿骑兵军服,趾高气扬地骑在马上,手持着一把弯弯的刺刀或高举着一根长矛。当他们列队经过国王坐着的主席台时,向着国王挥舞致意,这时围观的人群顿时沸腾起来,所有人都乌拉乌拉地高呼着。号角吹响了,铃杆也因摇摆响个不停。鼓手们大力击打着定音鼓,发出隆隆的声响。这种阅兵式是我一生中见到的最华丽、最壮观的场景,就像是看了一场昂贵的歌舞剧或戏剧一样令人难以忘怀。

那位在生日那天举行盛大的阅兵庆典活动的君主名叫弗里德里希·奥古斯特,他也是最后一位萨克森国王。当然,那时候他肯定不知道自己会是最后一位君主。有时候,人们能看见他带着自己的孩子们穿过雷森顿城,马车夫旁边并排坐着一位穿着袖子又紧又窄的衣服、戴着毛色发亮的皮毛帽的皇家猎手。年幼的王子和公主坐在敞篷的马车里,挥舞着手向我们这些围观的孩子示意。国王也向我们挥手示意。他的脸上挂着非常和善的笑容,我们也拼命地使劲向他们挥手致敬。接下来发生的事情,全世界的人都知道了,他的妻子——萨克森的王后背叛了他,跟着一个意大利的职业小提琴手托赛里跑了。国王体形由此渐渐地变得滑稽可笑起来,孩子们也失去了妈妈。

在圣诞节期间,人们常常看见国王一个人外出散步,大衣领子高高地竖着,跟一个普通的军官一样。他穿过长长的街道,街道上闪烁着美丽的圣诞灯火,间或他会在某个亮着微光的橱窗前驻足沉思,欣赏那些商品。看起来,他最感兴趣的还是一些陈列孩子们衣服或玩具的橱窗。天上开始飘起雪花来,商店的橱窗里布置了一个美丽的圣诞树,默默地闪闪发光。行人见到国王,赶紧悄悄地向一边躲开,并把手指竖在嘴巴上:"嘘,是国王陛下。"然后匆匆地走开,他们不希望打扰国王的清静。他看起来是如此孤单。他很爱他的孩子们,正因为如此,他的子民们也很敬重他。国王就要走进一家名叫拉里氏的肉食店里了,他对一位女售货员说:"来两份热乎的正宗德式老肠,多抹些芥末,马上就能吃到嘴里的!"女售货员还来不及行屈膝礼,十分慌乱地说:"荣幸之至!尊敬的国王陛下!"然后她就想不起该说些什么了。过了一会儿,她问了句:"您需要配小面包吗?"当时店里的其他人,包括我和母亲,都站在一旁看着发生的一切,默不作声,我们都希望不要打扰到国王的好胃口。然而国王最终还是没有勇气踏进那家拉里氏店里。他继续沿着那条商业街走着,然后停在一家装饰美丽的名叫雷曼·拉瑟恩的礼品店前,驻足了一会儿。接着,他穿过老市场,在宫殿街附近逛来逛去,又被一个橱窗中的陈列品吸引住了,仔细打量着。橱窗里陈列着一个沙盘模型,一些锡制的纽伦堡士兵在上面栩栩如生。接下来,国王的圣诞夜闲逛马上就要结束了。一位王宫前站岗的哨兵不知从什么地方突然跳了出来,他发现了国王,马上跑到国王面前,递上一把枪并反复强调着安全的重要性。接下来,我们萨克森最后的那位国王用手脱下了头上的帽子,消失在他那又庞大又空旷的宫殿群中了。

是的,半个世纪确实是很长一段时间。但是,有的时候,我竟然会恍惚感觉,那就是昨天发生的事情而已。从那时起,接下来又发生了战争,电灯的发明、革命和通货膨胀、可驾驶的热气艇以及波特码的解密、超音速飞机的发明!虽然随着岁月的流逝,世界变化万千,但是该保留的还是一如既往地保留了下来,并将永远流传下去。以前什么样,现在还是什么样。我的母亲以前必须用"您"来尊称她的父母,今天的孩子虽然不再使用尊称称呼自己的父母,但是父母与孩子之间的爱永远没有改变。以前我的父亲说面包和门的时候,发音和现在可大不一样,但是不管怎样发音,压根儿不影响人们去吃那个面包或在门里门外穿来穿去。好多东西都会随着时光的流逝发生改变,但是总有一些不变的部分会永远保留下来。

我在冒烟的煤油灯下写算术作业时,突然传来一声清脆的响声,玻璃灯罩碎裂了开来,那真的是昨天的事情吗?或者真的已经过去半个世纪的时间了吗?那时我必须小心翼翼地把爆裂的玻璃灯罩拧下来,换上一个新的,然后划上一根火柴,再次把煤油灯点燃。现在可不会发生这样的事情了,人们用上了更明亮的电灯,有了电,人们不再需要去购买煤油灯了,这确实给人们带来了很大的方便和舒适。但现在真的比过去更美好了吗?我也说不清楚,也许是吧,也许不是。

当我是一个小孩子的时候,清晨,去学校之前,我会一路小跑赶到格林纳迪街上的杂货店,"一升半的煤油和一个新鲜的四磅重面包,共两样。"我一边对女售货员说,一边心里盘算着应找回多少零钱以及今天面包和煤油的优惠价后面的折扣数。煤气路灯闪烁着火苗,在它的映照下,天上纷纷扬扬地飘起了雪花。寒气从四下里拥来,钻进我的鼻子,针扎一般地疼。接下来我走进了一家叫克斯林的肉食店:"请给我来一份四分之一磅重的新鲜血肠,一半的一半!"接着又到了一家蔬菜店,我跟克莱兹夫人讲:"来一块黄油和六磅重的土豆。衷心问候您,女士。哎哟,我快冻僵了。"然后我就回家了——带着面包、煤油、血肠、黄油和土豆！我的嘴巴里呼出来一团团白气，就像是易北河上经过的蒸汽船喷出来的一样；胳膊下面夹着的那块暖暖的四磅重的面包差一点儿滑落了下来；零钱在口袋里叮当作响；煤油在玻璃底座里晃来晃去；网兜里的土豆不断地敲打着我的膝盖。大门嘎吱响了一下，我三步并做一步跨上了台阶，刚想伸手去按三楼的门铃，这才发现手不够用了，只好用脚去踢门。门开了，母亲站在那里："你就不能按门铃吗？""不，亲爱的妈妈，我哪里还有手呢？"她笑了。"你有没有忘记什么？""不，妈妈，相信我一次，这次我什么都没忘！""走近一些，小伙子。去厨房的桌子上看看，今天早上都有些什么吧！"桌上摆着一杯香浓的咖啡、卡尔斯巴德无花果和热乎乎的面包条，上面抹着最新鲜的黄油。书包已经被妈妈收拾好，整整齐齐在走廊里放着。吃完早餐，我就抓起书包迫不及待地向学校奔去。

"自那以后真的五十多年过去了吗？"时间的忠实记录者——日历本明明白白、清清楚楚地提示眼前的老者，告诉他残酷的时间真相。看着面前画满了各种标记和符号的日历本，那位陷入了回忆的老人不敢相信地摇了摇头，可是日历上每个闰年的蓝色标记和世纪之始下方的红色下划线是那么的醒目。"不！"回忆过去的老人受惊吓似的轻声叫了起来。"仿佛只是昨天啊！"接着，一丝笑容浮现在他的脸上，"或者，最多只是前天发生的事而已。"谁又能说得清呢？

也许两者都是对的。世上有两种记录时间的方法。一种人们可以凭借各种测量工具，用码尺、罗盘、六分仪，就像人们测量那些街道和各种建筑物的尺寸一样来测量。另一种，我们的记忆，是用这些时间或空间度量没法测量出来的。老了，就意味着会忘却一些东西。剩下的忘不掉的部分，反而会清晰得像昨天刚发生一样。在这里用来度量的不是时间，而是价值。那些最有价值的部分，就是童年时光，不管是有趣的抑或是悲伤的。相信我，以前大家在这方面都没有得到过足够的建议和提醒，永远不要忘记那些不能忘怀的美好！

目 录

●●● 第一章　凯斯特纳家族和奥古斯丁家族

　　人们如果要讲述自己的故事,一般来说总是要从别的人身上开始说起。别的什么人呢? 就是那些他自己根本没见过的人,并且永远也不可能会见到的那些人。那些他没有认识过并且永远也不可能再会认识的人,那些已经去世很长时间了并且他对这个人根本就是一无所知的人。人们如果要讲述关于自己的故事,总是爱从他的祖先开始讲起。

　　这完全可以理解。如果不从祖先开始讲起,人们就仿佛感觉自己在一次汪洋大海的航行中遇到了海难,然后漂流到一个非常小的、无人居住的孤岛上面那样:孤零零的,非常孤零零的,超级孤零零的。因为祖先的关系,随着时间的流逝,人们彼此之间产生了兄弟姐妹关系,产生了姻亲关系。终有一天,我们自己也会成为某些人的祖先,尽管这些人还没有出生,但是我们彼此之间已经产生了某种联系。

　　在很早很早以前,中国人就已经开始了祖先崇拜,他们在家里把祖先牌位放在一起供奉起来,并且经常在前面屈膝下跪表达自己的敬仰之情和怀念之情。从皇帝到官员,从商人到劳工,每个人都莫不如此尊敬自己的祖先,每个人都知道自己只是家族这个链条中的一份子,即使自己以后死掉,也还在这个家族的链条上,抹都抹不掉。没有一个人生下来就是骄傲的贵族骑士或是可怜的看门人,人是不可能离开家族单独存在的。

　　好吧,我们可不想像中国人那样,毕恭毕敬下跪敬拜祖先,那实在是太严肃了。在这里,我也不会挨着个儿把我的祖先都叙述一遍,我只会挑很小的一部分来跟大家讲讲。

　　我父亲的祖先,我也许只会说很小很小的一部分。这对我来说,叙述起来倒不是那么困难,因为我本来对此就了解很少,甚至根本不了解,所以也没什么好说的。他们的婚礼、他们的死亡年份、他们的名字和出生日期,倒是从萨克森州的基督教堂里可以查到,牧师们会把这些记录到教堂的记录本上去。这个家族的男人们一般是手工艺人,往往比自己的妻子活得长,大部分妻子都因为生孩子难产死掉了,而且这些未出生的孩子也跟母亲一起死掉了。这种可怕的情况并不是凯斯特纳家族独有的,那时在整个欧洲甚至美洲,都很普遍,直到匈牙利医生塞梅尔魏斯·伊格纳兹·菲利普发明了消毒方法可以根治婴儿产褥热,这种情况才得以好转。

　　这件事情发生在一百年前。当时塞梅尔魏斯医生被称作"母亲的拯救天使",人们为了不忘却他的恩情,还专门为他修建了一座纪念碑。当然,对此我在这里就不多说了。

　　我父亲的父亲,克里斯蒂安·高特利伯·凯斯特纳,是一个木匠,来自帕尼西——一个萨克森州的洼地小城,一条蜿蜒的小河从城边流过。他的妻子叫劳拉,生了11个孩子,有五个在还没有学会走路的年纪就死掉了。剩下的孩子中,有两个长大后,和他们的父亲一样,成为了木匠。另外一个,我的叔叔卡尔,成了一名马掌匠。埃米尔·凯斯特纳,也就是我的父亲,学会了皮具制造,成为了一名皮革工匠。

　　也许他们把手工匠所特有的细致耐心的特质遗传给了我,让我得以在职业生涯中走得更远。也许我还要感谢海尔曼叔叔,把体操上的天赋遗传给了我,他在75岁高龄时,还担任帕尼西体操协会的技术指导。我非常确定,我身上的一些非常固执的特质也是从凯斯特纳家族遗传而来的,我的一些朋友经常因为我在某个方面的固执而吃惊甚至恼火,他们对我不顾一切坚持要出门旅行这种行为非常反感。

　　我们凯斯特纳家族的人,对外面的世界好奇心并不大。我们对家乡有一种特别的依恋。我们不怕失恋之痛,却承受不了思乡之痛。为什么我们的活动范围就只在黑森林或者高里桑卡或者特拉法加角四周?门前的栗子树,德累斯顿的沃尔夫斯堡和老市集,叫人如何能舍弃?假如我们离开的时候能把房间里的床和窗户一起带走,那我们会认真考虑一下的!迁移到陌生的地方,离开熟悉的家乡?不,虽然家乡没有高山,没有神秘的世外桃源,没有声势浩大的尼亚加拉大瀑布,但是我们可以在梦中遇见它们。我们可以在家乡进入梦乡,梦见自己一觉醒来,竟然身在布宜诺斯艾利斯!可是那种身临其境的感觉是那么短暂。但是真正抵达那里,却从来都没有过。实际上,我们可能是害怕离开家庭的温馨和舒适。另外,我们凯斯特纳家族的人还有一个好的特质,那就是勤劳。我们不能忍受一个人无所事事。一只停留在窗户玻璃上的甲虫都在忙碌个不停,就像我们一样。沙漠中一定不会有狮子的存在,因为那里不是它施展拳脚的地方!

我的父亲,我父亲的父亲,在其一生中,可能至少外出游历过一次,但这是出于被迫,是没有办法的事情。因为他们是手工匠师傅,如果要想获得一张行业资格证书,必须学满以后再到别的地方积累实际从业经验。这张证书也许不是他们自愿去获取的,但却是当时行业协会要求的。如果一个手工匠没有在自己家乡之外的地方从事过其他的手工行当的经验,就不能在自己的家乡从事自己的手工行当,不管是木匠、裁缝匠、铁匠、筑炉匠,还是鞍具匠。取得了职业资格证书之后,他们就不需要再外出游历了,所以这种职业游历对他们来说,是唯一的可能也是最后的旅行。

在刚过去的那个八月,我父亲从一个德累斯顿人的汽车里钻出来,站到我在慕尼黑的住所前,他叹了口气,感觉非常疲劳,因为当时他已经有九十多岁高龄了。他之所以来我这儿,唯一的目的就是想确认一下我住的环境怎样,我屋子的窗户外面是否有一片绿色。因为他觉得这很重要。从他在德累斯顿的住所窗户望出去,有一大片绿色,还有十匹马。还好,他在我这儿也看到了绿色,还看到了大山雀、苍头燕雀、乌鸦、喜鹊,还有许多拜恩州的小麻雀!这下他终于放心了。我想,要不是操心我的原因,他还会外出旅行吗?

与我的父亲和祖父相比,在外出旅行这件事情上,我要多得多了。我曾经到过哥本哈根、斯德哥尔摩、莫斯科、圣彼得堡,还去过巴黎和伦敦、维也纳和日内瓦、爱丁堡和尼斯、布拉格和威尼斯、都柏林和阿姆斯特丹、拉德博伊尔和卢加诺、贝尔法斯特和加尔米施－帕滕基兴。其实我并不是很喜欢旅行，只是因为工作上的原因，有时不得不去外面的一些城市。但是每次回到家中，我都感到非常开心。也许有一天，我也想去学一门手工艺，成为一名像父辈那样的手工匠师傅。当然这是以后的事了，这里我就不多说了。

我的母亲伊达·阿玛丽娅·凯斯特纳，出身于萨克森州的一个奥古斯丁家族。在 16 世纪的时候，奥古斯丁家族可能被称为奥古斯汀、奥古斯顿或者奥古斯腾，但是到了 1650 年，在教堂里的宗族记录本上出现的就是奥古斯丁的字样了，这个姓氏也同时出现在德伯尔恩城市财政局的年终总账上面。

我是打哪儿知道的？有这么一本奥古斯丁家族编年史，上面记载的内容追溯到了 1568 年。那是一个非常有意思的年份。在那一年，英格兰的伊丽莎白女王把苏格兰的玛利亚女王投到了监狱里面。西班牙的菲利普国王也做了相同的事情，把他的亲生儿子道恩·卡洛斯关进了监狱。布鲁塞尔的阿尔巴公爵把艾格蒙特伯爵和豪恩伯爵判了死刑。彼得·布鲁格尔画了一幅著名的《农夫的婚礼》。而我的祖先汉斯·奥古斯丁则在那一年被市财政局罚了一笔款，因为他卖的烤面包太小了，不符合市政府的尺寸要求，纯粹是偷工减料。也就是因为这笔罚款，汉斯·奥古斯丁的名字被记录在了市财政局的年终财政总账上面，在玛利亚·斯图亚特、道恩·卡洛斯、格拉夫·艾格蒙特和彼得·布鲁格尔等响亮的历史人物名字的旁边。假如他当时没有因此事被抓获并罚款，我们现在也就不知道任何关于他的一些事情了。到了 1577 年，他又一次因为同样的事情被当场抓获并交了罚款，名字又被登记在史册里。同样在 1578 年、1580 年、1587 年，也有登记！最后一次罚款记录则是在 1605 年了。呵呵，假如一个人想在历史上留名，很简单啊，只要偷工减料把面包烤小些就行了，这样肯定会如愿以偿。或者，把面包往大里烤也行，不过我想，没有人会做出这种不划算的事情吧，至少我从来没有听说有人这样做过。

汉斯·奥古斯丁的儿子，卡斯帕·奥古斯丁，在这里我称作卡斯帕一世，也是一位面包房师傅，他的名字曾三次出现在德伯尔恩市的年代记录册上面，分

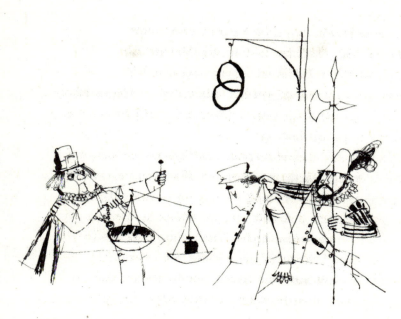

别是 1613 年、1621 年和 1629 年。这是因为什么原因？同样是因为把面包烤小了！好吧，这么看来，胆大包天、死不悔改真是每个奥古斯丁家族人的天性了。奥古斯丁家族的人生意经营得很红火，他们购买了仓库、花园和草地。他们除了烤面包，还从事酿造啤酒的生意。但这样富足的日子没有持续多久。首先，一次席卷整个城市的鼠疫夺去了这个家族一半人的生命。然后在 1636 年，整个城市被克罗地亚人洗劫一空，1645 年又被瑞典人洗劫，接着是持续三年的战争。那些士兵屠杀牲口、抢走田里的收成，把那些家具、铜制餐具等放在从奥古斯丁家抢来的马车上统统带走，带不走的就一把火烧掉，然后幸灾乐祸地去下个城市继续烧杀劫掠。

　　卡斯帕·奥古斯丁的儿子同样也取名叫卡斯帕，我把他称作卡斯帕二世。他同样也是一名面包房师傅，管理着整个奥古斯丁家族的生意。一直到 1652 年，他被一件事情气死了。那是因为他有一个兄弟叫约翰，在另外一个城市丹茨锡居住。战争结束后，卡斯帕二世得到了一笔赔给奥古斯丁家族的战争财产，就是瑞典士兵掠走的那些。他的兄弟约翰想从卡斯帕二世那里分得一部分，甚至想获得一部分利息！于是就向政府提起诉讼。最后这个诉讼通过市政府调解而结束。这个调解过程被完整地记录了下来,也正是因为这份被保留下来的调解书,我才得以从历史的记载中了解到自己祖先的足迹!这次倒不是因为面包尺寸不符合要求,而是因为一次家族内部兄弟之间的争斗。

渐渐地,我意识到,我不能再这么啰啰唆唆地写下去了,因为这本书的主要目的是要描述关于我的一些事情,关于奥古斯丁的部分我必须得简略着墨了。接下来奥古斯丁家族延续到了沃夫冈·奥古斯丁、约翰·乔治一世、约翰·乔治二世、约翰·乔治三世,等等,他们都是从事面包房的工作。1730年,一场大火烧焦了整座小城,战争持续了七年,这里成了普鲁士士兵的冬营地,他们把这里当成了自己的休养地,把自己喂得饱饱的。整个城市因此而变得凋败不堪。后来拿破仑率领一支强大的军队打到了这里,他在成功血洗了莱比锡城之后,又顺便把德伯尔恩小城也收拾了,奥古斯丁家族又一次面临灭顶之灾,这都是因为首先德伯尔恩离莱比锡距离太近;其次,萨克森的国王作为失败方最终和拿破仑结成了同盟。对于失败的滋味,臣民们比国王本人要能体会得更深刻些。

奥古斯丁家族没有因为战乱而放弃自己的手艺,他们继续通过辛勤的劳动来积攒财富。面包房继续开着,又获得啤酒酿造的资格,得以酿造和售卖新鲜啤酒。三百年来,这个家族一直以烘焙面包为事业,经历了鼠疫、大火和战争的洗礼后,也未曾改变过。到了1847年,这是一个代表转折的年份,奥古斯丁家族

迎来了事业上的巨大转变。面包房师傅约翰·卡尔·弗里德里希·奥古斯丁开了一家马车运输公司！这是一个有历史意义的日子，我母亲的上辈们自此开始从事与马有关的事业了！经历战争之后，马这种美妙的动物，差点都被灭绝了，现在，它迎来了自己新的使命。奥古斯丁家族用马做交通工具运输货物并且从事马匹的买卖行当。

约翰·卡尔·弗里德里希·奥古斯丁的第三个儿子，洗礼之后被赋予了卡尔·弗里德里希·路易斯的名字，他后来成了德伯尔恩附近的村庄克莱恩帕尔森的一名铁掌匠和马匹交易商。他生养了七个儿子，后来也都是从事跟马有关的行当。其中的两位后来成了百万富翁，奥古斯丁家族通过马匹交易这一行当赚到了比烤面包多得多的财富。在做面包的时候，尽管偷工减料，能省就省，干得再辛苦也并不能带来更多的财富。相反，从事与马相关的行当，财富积累起来，则要容易得多了。终于，奥古斯丁家族发现了他们应该从事的真正事业了！

那位克莱恩帕尔森村的铁掌匠，就是我的外祖父，他的那几个从事马匹生意的儿子，就是我的舅舅们。他的女儿，名叫伊达·阿玛丽娅，就是我亲爱的母亲。当然，这里就不着墨描述她了，我会在后面专门开辟一个章节来介绍我的母亲。

●●● 第二章　小伊达和她的哥哥们

　　我的母亲于1871年4月9日在克莱恩帕尔森村降临到人世间。那时也恰好就像经常遇到的一样,是一个有战争的年份。在那一年,克莱恩帕尔森只是个默默无名的小村庄,而附近卡塞尔的威廉高地却因为法国的国王拿破仑三世的原因而名声远扬。同时,巴黎的凡尔赛,因为来自普鲁士的威廉二世国王在此地宣誓为整个德国的皇帝而名声大噪。

　　法国的皇帝被囚禁在德国的一个宫殿里,而与此同时,德国的国王在法国的宫殿里宣誓称帝。这真是一个完全相反的简直让人难以相信的事情,却是这么真真切切地发生了。当然,历史就是历史,不管事件的发生是否有着合理性,它都按照自己的轨迹写下去,无法改变。一个食品杂货店主,可能进货的时候,由于进了许多愚蠢没用的货品,导致四个星期后面临破产的命运。同样,一个国家的政府,有时也会做一些错误的决定,这都很正常,无法避免。当然,这个话题有点扯远了,就此打住。

　　那位小伊达·奥古斯丁,我未来的母亲,在一个农夫的房子里度过了她的童年时光。她的童年由这些部分组成:一个谷仓、一个盛开着三色堇和兰菊的前庭花园、12个兄弟姐妹、一个一群母鸡到处刨食的院子、一个栽着樱桃树和李子树的果园、一个马厩、许多要干的家务活以及一条长长的上学之路。她的学校是在邻近的一个村庄。她在学校里学不到多少知识,因为整个学校就只有一位老师,两个班级。一个班级是由七岁到十岁的孩子组成,另一个班级则是11岁以上直到年龄快要达到可以参加成人坚信礼的孩子们组成。除了读、写、计算,学校里没有别的什么了,对一些天赋比较高的聪明孩子来说,学校里实在

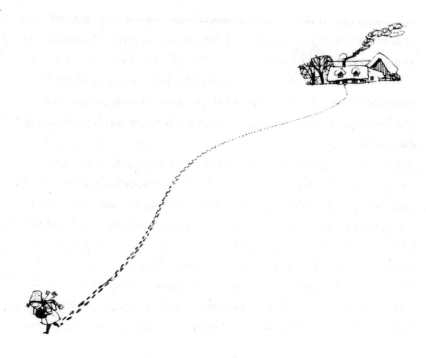

是太无聊、太可怕了,竟然四年的时间在同一个班级里上课!

那个时候的夏天,比现如今的要炎热;而冬天,则比现在的要寒冷得多,具体为什么会是这样,我也不清楚。有的人宣称,他知道其中的原因,可我对此很怀疑,肯定是吹牛罢了。

那时的冬天非常寒冷,下起雪来,能积到一人多高,早上起来,甚至房门都会被大雪堵住。假如孩子们想去上学,就得想办法从窗户里爬出来。但是我的外祖父说了,必须得把门打开。他找来铲子、铁锹,在门前铲出一条长长的通道,这才把门推开,孩子们获得了自由,可以继续去学校了。外面是一个银白的雪的世界,好玩极了。但是快乐的情绪持续不了多久,因为寒冷的风刮过旷野,让人彻骨。雪实在是太深了,孩子们陷入雪中,屁股以下都埋在雪里,手指、脚趾、耳朵都被冻住了,寒风把眼泪也吹了出来。当最终到达学校时,孩子们已经冻僵了,根本没有什么兴致再去学习了,即使是非常有趣的知识。

但是这一切困难对于小伊达来说,可不算什么。她爬出窗户,沿着开辟出的雪路,费劲地朝学校赶去。尽管手脚几乎冻僵了,眼泪也冻出来了,但是没有什么能阻挡她对知识的渴求,她想学习所有的知识,她要把那位老教师掌握的所有知识都学过来,虽然那位老教师的知识并不丰富,但是跟小小的伊达所掌握的知识相比较,还是要多一些。

她的哥哥们——弗兰茨、罗伯特和保罗,在学校里对待学习的态度却完全是另外一个样子。他们在教室里一会儿坐过来,一会儿坐过去,无所事事地打发着时间。但他们在计算能力这方面倒是令人十分吃惊。可能还躺在摇篮里的时候,他们就已经具备了计算的本领,这比让他们学会喊出爸爸妈妈来要容易多了。计算对于他们三个来说,就像是呼吸、听和看的本领一样,自然而然。

他们三个到学校里的目的,可能就是离开家尽情地玩耍。但是总在学校里待着,也很无聊。到哪里去玩呢?到那边偏僻的草地上去扔皮球,还是找几户农家往玻璃窗里扔石头?但是那样可能有点危险,要是惹怒了会咬人的看门狗,最后让它挣脱了锁链可怎么办?但是,无论如何也不想在学校里继续闷着了,他们最终找到了一件有趣的事情——做兔子生意!

显而易见,要是能做马的生意当然更好,那会令他们兴奋不已,但是那种生意档次太高了,怎么做得起来?而且马实在是太大了,没办法装到小木箱里。另外,兔子还有一个好处,就是繁殖能力非常强,怪不得人们常说"像兔子一样增长"。他们只需要去找些甜菜、胡萝卜、沙拉菜就够了,兔子在他们手里不断地繁殖,一只兔子繁殖成了好几只。现在他们三个需要寻找一个人来专门喂兔子了。他们想到了小伊达。后来,我猜想,他们又多次买卖兔子,生意越做越大,越做越红火,以至于后来在整个克莱恩帕尔森村附近,奥古斯丁兄弟兔子交易公司变得小有名气。这当然也不可避免地传到了我的外祖父耳朵里。虽然他对自己儿子做生意的能力挺自豪,但是着实还是很恼火。他把小伊达叫到了跟前谈话。一开始,小伊达什么也不说,但是外祖父把她痛打了一顿之后,她把她知道的一切都原原本本供了出来。

弗兰茨、罗伯特和保罗对小伊达的招供非常恼火,他们再也不理她了。可怜的小伊达在这次谈话之后的好长时间里,两个胳膊上还是青一块紫一块的,淤

痕过了好久才退去。

　　说实在的,如果外祖父不打小伊达,他最终也会知道所有的事情。但是既然是问了,小伊达要么坚持不说,要么就得说出真话。在任何时候,人都要诚实,不说假话,无论在家里还是在学校里,大家应该都会学到这一点。当然,对于三兄弟来说,他们常常既不在家里也不在学校里待着,当然也就什么都学不到了。他们老是说,小伊达不是个好同伴,也不是个好姐妹,她应该为自己的行为感到羞耻!

　　在亲情和事实面前,有时实在是太难取舍了。难道为了维护兄妹的感情,就可以向父亲撒谎吗?难道她会为了取悦父亲,在他的面前故意抹黑自己的兄弟吗？

　　事实上，我的外祖父对他的三个淘气的儿子的所作所为早有耳闻，其实他根本不需要把小伊达叫来详细盘问。也许他想知道一切细节，因为自己忙着做贩卖马的生意，没有时间去亲自调查，所以他打了女儿一顿，逼着她说了出来。这难道也是她的错吗？

　　假如这三个淘气包兄弟都很乖，都很优秀，没有去做那些大人不允许做的事情，伊达又能说出什么坏话？对做生意的热情是在他们的血液里流淌着的，当他们的父亲在忙着做贩卖马匹生意时候，他们不乖乖去学校好好上课，也忙着去做贩卖兔子的生意。这难道也是小伊达的错吗？

　　在这件事情上，只有一个人还会在内心里对自己的良心有所谴责。是谁？是可怜的小伊达！她天天乖乖地去学校学习，每天忙着帮家里做各种家务，每天忙着照顾自己的弟弟妹妹，她只不过是说出了事实，她到底犯了什么错？

　　亲爱的小读者们，接下来的一段请你们不要略过，虽然读起来有些没趣，但是对我来说，总结这个可比跟你们描述 1870 年~1871 年发生的德法战争和有趣的兔子生意这两件事情加起来要重要得多！所以在这里我再次总结了一下，共三点：

　　第一点，一个父亲为了挣足够的钱来养活家人，没有多余的时间和耐心放在孩子身上，当他得知三个孩子犯了错后，痛打了他们一顿，为的是让他们以后乖乖听话，一切回到正常轨道上去。第二点，三个男孩子逃学，被父亲痛打了一顿后，他们也把自己的妹妹打了一顿，为的是教训她以后乖乖听话不乱告状，一切回到正常轨道上去。第三点，一个非常懂事听话的女孩子，在应该说实话的时候说出了事实，但是对她来说，接下来的事情就不那么对劲了。

　　这件事情对我母亲的影响挺大的。现如今，我母亲已经八十多岁了，她还经常被别人提起这件事情并遭到指责。哦，可怜的小伊达，她那时候还只是个小小的孩子！难道她为了不出卖她的哥哥，就应该撒谎吗？为什么当时他的父亲不去问别人，而是一再地逼问她？还能有什么聪明的或更好的回答吗？

　　在这之后很久，做兔子生意的三兄弟其中的一个——弗兰茨，长大后成了一名非常成功的马贩子，变得非常富有，拥有了自己的别墅、汽车和私人司机。他还时常提起这件事，说他永远也忘不了。有一年，我们在他家里一起过圣诞节，喝着热红酒，吃着提子蛋糕卷……好了，这个我以后再说吧。

在克莱恩帕尔森的生活继续发展了下去，直到有一天，我母亲的母亲去世了，一位后母来到了这个名叫卡尔·弗里德里希·路易斯·奥古斯丁的掌铁匠和马贩子的家庭中，接下来她又为这个家庭添了三个孩子。但是对于前次婚姻留下来的孩子们，她视同己出。这是一位善良慈爱的女人，我对她也有些印象。在我小的时候，她的女儿，也就是我母亲同父异母的妹妹——爱尔玛，在德伯尔恩的火车站大街上开着一家香烟杂货店。

当店门上方的铃铛丁零当啷响起来的时候，一位银发的老妇人优雅地从她坐着阅读的椅子上站起身来，身板挺得直直的，走来走去忙着为顾客递取东西。一小包烟丝、五支一包的香烟、一卷口嚼烟。整个小店弥漫着令人舒服的气味。那位老妇人，在柜台后面靠近我站着的那位女士，气质雍容华贵，看上去就像是奥地利的女皇玛丽娅·特蕾莎！这里我就不再多说了。

让我们再回到克莱恩帕尔森！小伊达的哥哥姐姐们已经长大，他们离开了学校，接着也离开了父母的家。丽娜和艾玛成为了女佣，她们在这种工作方面有非常多的经验，因为她们在家中就做过各种家务。

那几个兄弟，就是被揭穿的做兔子生意的兄弟们呢？他们学会了些什么本领呢？贩卖马匹吗？要想经营这种生意，有两点必须要具备：一是对马的行情要有了解和掌握；二是资金。第一点毫无疑问，当别的孩子在幼儿园里或是教堂唱诗班里成长的时候，他们就在马厩边长大，对于马的了解当然是再好不过了。问题是启动资金，这笔钱可不是个小数目，我的外祖父可拿不出这么多钱来给他们。对外祖父来说，顺利买进卖出一匹马已经相当不容易了，要是买来的马在自家马厩里变瘦了或生病了，那简直就是一场灾难！

要是那时有人对我外祖父讲，将来会有那么一天，他的两个儿子罗伯特和弗兰茨，独自到外面的世界去闯荡，去到欧洲各个大型的马匹交易市场，寻找最优良最上等的好马，在丹麦、在荷兰、在比利时的马匹交易市场上一下子买来上百匹,不,是两百多匹马,你觉得他会相信吗?一列火车喷着白汽,所有的车厢都满载着马匹轰隆隆地驶回德累斯顿和德伯尔恩!这些买来的优良大马塞满了著名的奥古斯丁兄弟公司的那些马厩!接着那些骑兵团的指挥官和啤酒酿造厂的经理们都纷至沓来,为的是到德伯尔恩的罗伯特公司或德累斯顿的弗兰茨公司里挑选最新运来的好马!

当有人对我的外祖父讲起这些事情的时候,外祖父不顾可能导致引发哮喘

的危险,哈哈大笑了起来。他没法相信!怎么可能呢?他的儿子怎么会变得这么富有呢?如果是这样,他自己怎么会这么穷,得了重病却因为缺钱而没法去医院,只能躺在家里的床上听之任之呢?好吧,这里我也不再多说了。

其实,我的外祖父当年让他的儿子们学习了屠宰的技能,他希望他们以后能够开一家肉食店。这没错,祖先都是面包房的师傅,子孙从事肉食生意,也合情合理,面包当然需要肉肠来相配。那些用来屠宰的牛啊猪啊,虽然不是马,但不也是和马一样,都是四只脚的动物吗?也许有一天,兄弟俩腻烦了那种宰牛宰猪宰羊的活儿,腻烦了肢解肉块制作香肠的活儿,所以他们去买了一匹马,一匹真正的、高大的、生龙活虎的马,拿来草料和燕麦饲养它,从此开始了新的生活!

那时候,有人在开始的时候用便宜的价格买来一匹马,然后用上好的饲料喂养它、精心地照顾它、为它仔细刷洗,这样过不了多久,他就可以高价将这匹马卖出去,然后再买进两匹便宜的马,精心养护好了之后再高价卖出去。就这样,有人可以用自己的运气、勤劳和努力,不断地积累财富,拥有马的数量不断地增加,直到有一天,自家的马厩都装不下了,只能租用别家的马厩。那时候每

户人家的后院里，一般都能见到用来养马的马厩、马槽和马笼头。

再来说说肉食店的生意。每天早上五点钟，奥古斯丁家的男人们就要去屠宰场，到冷库里取来肉之后，在自家加工坊里腌肉、制作肉肠，忙得团团转。然后身上系着染着血污的白色围裙，来到店面里面出售香肠等肉制品。他们一边跟女顾客们说笑，一边用围裙挡着手指悄悄地在天平上压了一下。忙完了店里，他们接着就去后院的马厩伺候那些马，或者跟工厂食堂的管理员商谈，拿下几宗运输订单，或者以便宜的价格买进几袋马饲料，或者把一匹六岁多的老马当成三岁的壮年马高价卖出去。然后他们又回到店里，收拾完剩下的十来串蒜肠后，把剁肉墩和活动招牌归置好，清算好一天的账目，锁上店门后又到马厩去巡视了一番，接

着再到酒吧里与人喝酒谈天，去寻找一些货物运送的订单。到了深夜，忙碌的一天终于结束了，他们躺到床上后马上进入了梦乡。在梦中他们还在算账、买马。第二天清晨五点，他们又得准时起床去屠宰场。日子就这样过着，人也累个半死，喘不过气来。家里的年轻女人也不轻松，虽然不用跟马打交道，但是她得从早到晚站在肉食店的柜台后面，面带微笑为顾客服务，除此之外，还得给这个家庭带两三个孩子。

直到后来有一天，肉店被出售或被租赁出去，专门经营起马的生意了！

我母亲的哥哥们就是这么一路走过来的，就是前面提到的那三个贩卖兔子的兄弟！罗伯特、弗兰茨和保罗。保罗后来主要从事马车驾驶，在德累斯顿的街道上，人们会看到他像个大管家似的神气活现地驾着马车从面前经过。罗伯特和弗兰茨则比保罗更健壮更能干，后来事业发展得也更成功。

我母亲另外几个兄弟：布鲁诺、恩因霍尔德、阿尔诺和胡戈，也曾做着这些

类似的事情，一开始经营肉食品店，附带养着两三匹马以增加收入。但是对于他们来说，不论是运气还是胆量或胆识，都是缺少的，他们后来过得并不怎么如意。

恩因霍尔德在年富力强的年龄就去世了，阿尔诺成了一家小旅店店主，布鲁诺在他哥哥弗兰茨的公司里帮忙，管理公司的一些事务。一次一匹马踢碎了他的下巴，并把他的一条腿也踢断了。从此以后，人们就看到他在兄弟家的马厩里跛着脚忙来忙去，时不时地还受到哥哥和其他前来谈生意老板们的大声斥责，继而再转身呵斥身边的奴仆。至于胡戈，我最喜欢的一位舅舅，经过几笔亏损严重的马匹贩卖的生意之后，返回去踏踏实实地做了一名肉食店老板。

胡戈舅舅的几个儿子也是肉食店老板，他的女儿又嫁给了一名屠宰工，他的孙子也是肉食店老板。他们同样也都很喜欢马，喜欢和有生命的生物打交道。但是不幸的是，他们总也养不好，马总是死掉，靠养马赚钱是不可能的了，所以后来他们只好放弃。紧接着有人建议他们试着接触一下小汽车行业，但由于汽车不像马一样是有生命的东西，他们不感兴趣。

我的一个外甥曼弗莱德在他年轻的时候，想尝试跟他祖辈完全不同的一种职业，最终他成了一名职业摔跤手！当然这虽然不是和马或者牛打交道，但至少在摔跤比赛的时候，是和有生命的生物打交道，但是后来他也不想继续各种比赛了，实在是压力太大。他从职业摔跤手转为从事摔跤表演了。我在慕尼黑的皇家马戏团里看了好几次他的摔跤表演，那些观众，特别是女观众，当看到他毫不费力地勒住对方脖子或者用大腿压住制服对手时，无不为他喝彩。

也许对他来说，从屠宰场里拖出大半扇小牛肉，穿过院子拉到肉食店的加工间里制作肉肠，还是要比摔跤容易些。最终，曼弗莱德还是彻底放弃了摔跤，经过行业考试取得了肉食加工专业资格证书，成了一名肉食店老板。没错！最终，他还是成为了一名肉食店老板！假如有时间，我倒是很乐意去仔细数一数，奥古斯丁家族到底出了多少位肉食店老板，至少有一打！在这个家族里，要么是马掌铁匠、要么是马贩子、要么是开肉食店的，只有一个人例外，最后成为了一名作家！那就是小埃里希，那个小伊达后来唯一的孩子……

　　当我们奥古斯丁家族的人聚在一起聊天的时候，总会聊到我，他们总是一副很稀奇的样子，至今不明白家族里怎么会培养出一位作家。尽管这样，我还是对各种各样的肉食品有着独到的了解和品位。另外，我对马的饲养也十分熟悉和了解，这些全都能说明我身上还是遗传到了一些奥古斯丁家族的特质。

　　从另外一方面来说，写作仍然是一件要和有生命的东西、有活力的生活打交道的工作，如果离开了对生活细致入微的观察，连如何把肉切成肉块，如何加工火腿肉卷等都不知道，又怎能写出生动的文章呢？亲爱的小读者，写作当然是和生活紧密相连的，在这里，我就不再深入讨论下去了。

●●● 第三章　我未来的父母终于见面了

　　当小伊达长到 16 岁的时候,她出落成了一名美丽的姑娘。她到了离开家庭独立生活的年纪。她的两个妹妹——玛丽塔和爱尔玛,也已逐渐大了,可以帮着家里分担些家务活了。跟以前的大家庭相比,这个家庭的人口少了许多,甚至显得空荡荡的。小伊达离开了家,这个家里还剩下五个兄弟姐妹,再往后,这个家庭再也没添加过别的孩子了。

　　小伊达成了一名打杂的女佣,在莱斯尼希的一个贵族庄园里工作。她布置餐桌,熨烫那些精致细软的绸缎衣服,在厨房里忙活或是拿着一根穿了丝线的针在洁白的餐巾和桌布上绣上代表贵族家族标记的字母。她喜欢做这些,喜欢和这些华丽精美的东西打交道。日子过得平静而快乐,直到一天晚上,庄园的主人,一位海军军官回来了,他很喜欢伊达,对伊达表露出他的喜爱和温存,这可把伊达给吓坏了。她挣脱出来,跑出庄园,一边哭着一边往家的方向跑去。穿过黑漆漆的森林,越过空旷无垠的收割后的庄稼地,她终于在半夜奔到了家里。外祖父气坏了,第二天一早,他就套上马车,赶到了贵族家的庄园,幸运的是,那位胆大包天的军官当时不在,外祖父把伊达的东西卷起来,全部带了回来。

　　过了一段时间,伊达又找了一份新工作。这一次,是在德伯尔恩城的一位老妇人家里。这是一位下肢瘫痪的老妇人,坐在轮椅里,时刻需要有人陪伴并照料她的日常起居。伊达每天陪她聊天,读书给她听,她觉得很安全,因为那位军官离这里很远,不会再来骚扰她。

　　在这期间,伊达的两位姐姐——丽娜和爱玛,都嫁人了!而且她们也都嫁到

了德伯尔恩城,并且住在同一个地方,在一家磨坊主的私宅里。那是一家真正的磨坊,房子的旁边有一个巨大的木头水车轮子和木头水渠。河水冲进水渠,使得巨大的木头水车轮子转动起来,从而为这座农民的私宅提供了碾谷所需要的动能。农民们带来燕麦和黑麦,让磨坊主加工成面粉,然后装成 50 千克一袋,拉出去卖给附近的面包房或小摊贩。

我的丽娜姨妈嫁给了一个做货物运输生意的表兄,所以婚礼举行之后,她仍然和以前一样,叫奥古斯丁。爱玛姨妈,住在丽娜姨妈家楼上一层,现在叫爱玛·汉斯,她的丈夫以经营水果为生。他承包了城外一大片果园,当成熟的樱桃和李子沉甸甸地挂在果树上、压弯了枝头的时候,他就要忙着雇佣一些短工,带领众人挎着大柳条筐子去摘果子,然后把这些收获的果实拿到周末市场上贩卖。有些年份,收成还不错,但是也有不少年份,特别是遭遇炎热干旱、暴雨或冰雹的时候,收成会锐减。常常会遇到收入还抵不上承包租金的时候,这样汉斯姨夫就不得不硬着头皮外出借钱,然后一个人跑到小酒馆里买酒浇愁。

每回遇到这种情况,爱玛姨妈就会去楼下的丽娜姨妈家找她倒苦水。恰逢丽娜姨妈家的货物运输生意也不怎么好,于是姐妹俩就互相诉起苦来。大人在说话,几个小孩子在一边捣乱,或者在简陋的房间里跑来跑去,又因为争抢玩具哇哇大哭起来。这时,伊达——我未来的母亲走了进来,看到这混乱的一幕,茫然不知所措,她在想,自己将来的婚姻生活也会像这样乱七八糟吗?她回到了瘫痪老妇人的家中。这里的日子也非常不好过,老妇人常常晚上睡不着觉,夜里会把她叫醒,让她读书给自己听。有时,因为太累了,伊达读着读着就打起盹来,老妇人会非常生气地用棍子把她敲醒,大声呵斥她,这可把伊达吓坏了。

对一个漂亮的但是贫穷的年轻姑娘来说,怎样才能找到一个更好的出路呢?在庄园干杂活可那会受到军官主人的骚扰。在瘫痪的老妇人面前天天读着无聊的书,可那会累得睡着也不知道。或者去嫁人,可是旧的烦恼去了,如果新的烦恼又来了怎么办?冰雹不单单会降落到栽满樱桃树的果园里,它也会在任何地方出现,给任何地方以破坏。

在现代的社会里,一位年轻努力的漂亮姑娘,如果她没有足够的金钱来支付学习费用,她可以去工作,去做秘书、前台接待员、医护助理、冰箱或儿童服装推销员、银行柜台工作人员、外语口译员、时装模特、摄影模特,甚至还可以在一两年后成为鞋店的销售主管、机要秘书、法定代理人、商业银行的部门主管。但是,以前那个年代,这些职业机会都不存在,特别是在一个比较小的城市里面。在现代社会里,可以有185种职业机会供女人来选择,每天报纸上都会刊登大量的各种工作机会,选择的余地实在是很多。但是那个时候的女孩子,要么做女佣,要么嫁人。或许嫁人更好些,毕竟是在自己的家里为自己的家人洗衣服烧饭缝缝补补,总好过在别人的家里为外人忙里忙外吧!

住在磨坊房子里的两位姐姐开始为伊达的将来操心,她们认为嫁人总比给外人打工要强一些。所以她们把自己的苦闷和烦恼暂时放到一边,把繁杂的家务事和哭闹的孩子放到一边,四处打听是否有合适的人选。她们要为伊达找一位丈夫!

　　不久，事情就有了眉目。她们找到一位令人满意的候选者，挺适合伊达的。24 岁的年纪，在德伯尔恩的一家皮具手工作坊里工作，手艺不错，能干又能吃苦，生活有节制，勤俭节约，不乱花一分钱。他来自洼地小城帕尼西，渴望到外面的世界闯出自己的事业，拥有一家自己的手工作坊或是一间店铺和一位妻子。这位年轻人名叫埃米尔·凯斯特纳。

　　一个阳光明媚的星期天下午，丽娜姨妈邀请这位年轻人到磨坊小屋来喝咖啡、品蛋糕。在这里，他第一次见到了美丽的伊达，并且立刻喜欢上了她。过了一会儿，他开始大着胆子请伊达跳舞，遗憾的是，他自己不怎么会跳，笨手笨脚的，所以没跳几下，他们就各自分开了。不过，这没关系，他不是来跳舞的，他是来寻找一位能干的妻子的，一位以后能在生意上给他帮忙的妻子，眼前的这位姑娘看起来就是自己要找的那位！

　　对伊达来说，事情却不是那么顺利。"我根本不爱他！"她对两位姐姐说。丽娜和爱玛劝她，年轻的女孩子怎么会懂什么是爱？浪漫的爱情只会出现在小说里，现实生活完全是另外一个样子，很少有人因为爱情而结婚，相反，结婚久了，倒是会带来真正的爱。婚姻不是由爱情组成的，而是由柴米油盐、挣钱、节约、烧饭、养孩子等组成的。爱情对于婚姻来说，不是必需的，就像是一顶遮阳帽，可有可无，没有也一样可以开心地在太阳下面行走。

　　就这样，伊达·奥古斯丁和埃米尔·凯斯特纳于 1892 年 7 月 31 号在一个乡村基督教教堂里举行了结婚仪式。接下来又在克莱恩帕尔森外祖父的家里举行了婚庆宴会。新娘的父母和所有的兄弟姐妹以及新郎的父母、兄弟姐妹们都出席了宴会。场面非常热闹。新娘的父亲这次表现得非常豪爽，他提供了各种各样的肉食香肠、红酒、自家烤的俄罗斯蛋糕、奶酪蛋糕和真正的现磨咖啡豆咖啡！亲人和朋友们端起酒杯，按照传统的方式，互相碰撞身体，祝福他们家庭和睦、生意兴隆、孩子康健。

　　有的时候我的脑海里会突然产生这样一个疑问，是什么样的机缘巧合才造就出了我这么一个人的呢？假如当初那位来自帕尼西的年轻皮具匠没有迁到德伯尔恩城，而是去了另外的城市，比如说莱比锡、开姆尼茨，或者年轻的女佣

伊达没有嫁给他，而是嫁给了水管工尚泽尔或者记账员皮尔彻，那么，怎么还会有后来我的出生呢？那么这个世界上也就不存在一个名叫埃里希·凯斯特纳的作家了，他现在也就不会坐在书桌前给大家写童年回忆录了，绝对不会了！

可是，他们相遇了，并且走到了一起，还把我带到了人世间，来体味这里的快乐和忧伤。人来到了人世间，不但会体会到很多快乐，也会有许多烦恼，如果想一点烦恼也没有，那就不要来到人世间，当然那样的话，也就没机会体会任何快乐了。当然，如果是另外的一些情况，也就没有我了，如果真是这样，那太令人遗憾了。总之，我还是快快乐乐地来到了这个世界，这真是一件令人高兴的事情！年轻的皮具匠夫妇在德伯尔恩城的骑士街开了一家皮具店。来自奥古斯丁家族的伊达·凯斯特纳开始在店里卖起了各种式样的小皮夹子、文件夹、书包、公文包和牵狗皮绳。埃米尔·凯斯特纳则坐在后面的加工坊里埋头制作皮具，他对做这些皮革的玩意儿非常着迷，当一张张牛皮在他的手下变成了精美耐用的马鞍、套马笼头、马背挎包、马靴、马鞭等各种各样的用具时，他感到了无比的满足和快乐。

埃米尔·凯斯特纳是一名非常出色的手工皮具匠，在他的那一行里，他甚至可以称得上是一名艺术家。在 19 世纪 90 年代这门手艺还是相当有用的。如果生意经营得好，肯定能够积累相当多的财富。因为那个时候好多有钱有身份的人家都会养马，以马代步，另外大街上还跑着许多华丽的马车。啤酒厂、农场、建筑公司、货运公司，农民、买办商人、有钱的贵族，统统需要用到马，而马又需要用到各种真皮制成的马鞍、马具，所以皮具匠真是不用愁没有生意做。在德伯尔恩城的四周，在伽尼森、在博奥纳、在格林玛、在奥沙茨，还驻扎着好几座骑兵营，那些穿着匈牙利式制服的骑兵，脚蹬黑亮的长筒皮靴，骑在毛色油亮的高头骏马上，配着精致漂亮的马鞍，四处巡逻或排成几排方阵操练队形。那些骑兵少尉、中尉或是上尉们，不惜花费重金为自己的爱马配上讲究的时髦华丽的马鞍、马具。那时，还会经常举办马术比赛、赛马比赛和骏马展览。马在人们的生活中所占的比重非常大，生活中处处都离不开马。现在的人们使用货车、汽车和坦克，可那时却只有马、马、马！

我未来的父亲虽然是一位手艺十分出色的皮具匠，但遗憾的是，同时他也是一个糟糕的生意人。在做生意方面，他实在是能力欠缺。1906 年，他曾为我做了一个皮书包，直到 1913 年我举行坚信礼后离开学校的时候，那个皮书包还崭新得像我第一天上学的时候用的一样！他做了好多这样的皮书包送给各个亲戚的孩子们，因为太耐用了，这些皮书包总会被再次传给下面的孩子继续用。我不知道，父亲为我做的那个带着两条背带的棕色皮书包现在藏到哪里去了。要是某一天，我在某个去学校的小奥古斯丁或者小凯斯特纳的背上看到它，我一点也不会奇怪，因为它是那么的漂亮、那么的耐用！好了，这里我不再啰唆了，让我们再回到 1892 年吧。（从这里开始还要等上七年，我才会来到人间！）

不管怎么说，制造出非常耐用的书包，几乎用不坏，应该得到表扬，但是对于他自己，对于他的生意，却完全不是一件好事情。一个孩子需要用掉三个书包，营业额自然会上去，这比三个孩子才需要一个书包要好多了。

皮具匠埃米尔·凯斯特纳继续精工细作地做着那些永远也用不坏的皮书包、撕不破的皮包、各种男女式样的马鞍、马具。当然，这些精美的皮具，价格自然不会低。因为他总是要使用最好的原材料，用最好的皮子、最好的链接件、最结实的线、最好的配件。顾客们都非常欣赏他的手艺，他们到店里来，常常看得入神不愿离去，或者出去了又折回店里继续看，只看不买，因为太贵了。

只发生过这么一次,一位突骑兵的军官到了店里,看中了一个特别精美别致的马鞍,即使是价格昂贵,他也想为自己的爱马配一副。但是,突然!突然我父亲他舍不得卖了!他自己也特别喜欢这件作品,他想自己留作纪念!事实上,我父亲他不会骑马,而且也没有马!就像一位画家,即使是饿着肚子,也舍不得把自己最中意的一件作品卖出去,卖给一个完全陌生的人!手工匠和艺术家在某些方面还真的很像。

关于突骑兵军官的这个故事是母亲后来讲给我听的,当我在某个夏天就此事问我父亲的时候,他说那件事根本不存在。但是我却一直相信,这个故事是真实的。

不管怎么说,我父亲确实是一位好的手工皮具匠,但同时也是一位糟糕的生意人。他不知道如何能赚到钱,所以店里的生意一直很不好,赚得越来越少,开支却越来越高,债务一点点慢慢积累,变得越来越大,我母亲把她以前自己攒的钱都贴进去了还不够还。

1895 年,28 岁的手工皮具匠埃米尔·凯斯特纳不得不亏损卖掉了他的皮具店和手工作坊。年轻的夫妻俩考虑接下来他们能做些什么赚钱。恰好在这时,从德累斯顿寄来了一封信!这封信是我父亲的一位亲戚寄来的,他们叫他瑞德尔叔叔。他是一名木匠,很长时间里都是一个人在德累斯顿的建筑工地上工作。一次,他突然有了一个好想法,他创造性地把滑轮用到了房屋建筑工程之中,这样就大大提高了工作效率,减轻了建筑工人的负担。虽然,滑轮不是他发明的,但是他设计并制作了各种带滑轮的建筑生产设备,然后把这些建筑设备租赁给各家建筑公司或包工头,靠此途径他着实赚了不少钱。

滑轮是什么?如果不知道的话,就问一问你们的父母或老师好了,在这里我就不仔细解释了,否则我还得用纸和笔画下来才能讲得清楚。简而言之,有了这种滑轮设备,在造房屋的时候,泥水匠或木匠就不需要一块块砖或者一根根木头往上递了,他们可以通过带滑轮的设备,把整筐的砖头或整捆的木头往高处运到既定的位置,这样就能大大减轻人力并提高工作效率。

瑞德尔叔叔赚了很多很多的钱。我还记得,一个圣诞夜他送给我 10 个金闪闪的马克做礼物,后来又在我生日的时候送了 20 个马克! 啊呀呀,瑞德尔叔叔真是一位和蔼可亲慷慨的人! 瑞德尔婶婶也是一位非常善良可亲的人,我还记得,在她客厅的壁炉上面,摆放着一个很大的陶瓷卷毛狗,此外,旁边还有一张很舒服的摇椅。

瑞德尔叔叔给他的侄子埃米尔写了一封信,邀请他到德累斯顿去发展。埃米尔也想去试一试,反正留在德伯尔恩也没什么挣钱的途径了。作为萨克森的首都,也许那里会有更多的发展机会。于是他们把所有的东西和对未来的憧憬都打包装进几个带刺绣的大皮箱和拎篮里,朝着德累斯顿出发了。或许,在那里,我可以做行李箱卖,埃米尔想。他怎会料到,在德累斯顿,已经有了大型的行李箱制造厂了。

我未来的父母就这样带着几件行李箱,来到了德累斯顿,这个萨克森王国的首都——政治和经济文化中心。在这里,我出生了,但是现在距离那个日子还有四年的时间。

●●● 第四章　行李箱、束腹带和金发卷儿

　　德累斯顿是一座迷人的、充满魅力的历史文化古城。它拥有 65 万人口,整座城就是一座巨大的露天博物馆。历史的厚重和现代的活力在这里并存,它常常会以它既古老又年轻有活力的双面性示人。另外,它的自然风光也非常迷人,那穿城而过的易北河、那些横跨河两岸的大桥,城外连绵的丘陵、森林,远处天际线下面的一座座高山,这些又构成了德累斯顿迷人的第三面。从梅森大主教教堂到皇室的狩猎场——宫廷大花园,传统与现代的完美融合共同铸就了这座文化大都会的风范。

在我小的时候,一次和父亲在一个月光皎洁的夜晚,到城市后山的森林里散步,因为那里有一座我非常喜欢的木偶戏剧院,走着走着,父亲突然停下了脚步:"以前这里有一家旅馆,起了一个很罕见的名字,叫寂静的乐曲。"我用惊奇的眼光望着父亲:"音乐都会发出声音,怎么会寂静呢?"这真是一个又罕见又让人摸不着头脑的名字,怎么会有旅馆起这么奇怪的名字呢?也许,正是因为少见才会引人注目的吧?这件事情直到现在我还清楚地记得。当时我想,不管有没有人在旅馆里弹奏乐曲,寂静的乐曲根本就不存在。

后来有一次,我独自到那个地方散步,在原来的地方,我站住了,望着远处德累斯顿沿易北河两岸伸展开来的诱人的风光,宽广的草地、绵延的别墅群和一座座宏伟的宫殿。几乎没有哪座城市像德累斯顿这样富于变化、这样迷人美丽!我突然意识到,这是一首多么美妙的乐曲啊!当时我还知道有一位哲学家,他曾把那些辉煌的教堂和宫殿的建筑艺术称为静止的音符,我想那位旅馆的主人也是一位诗人,每天面对着远处像条银色缎带蜿蜒流淌的易北河以及夕阳下旖旎的德累斯顿城金色剪影,难怪取了这么一个诗意的名字。

来到人世间,我们不但会看到、体会到不好的、难看的东西,我们更要去体会、去感受那些美好的事物,美丽会带给我们心灵上的愉悦。在这里,我衷心地感谢上天,让我幸运地在德累斯顿出生并成长。在这里,我每天感受着大自然的美丽,获得心灵的愉悦。人不应该仅从书本里学习到什么是美,而应该到现实中去真真切切地体会。在学校里都学不到这些。我尽情地享受着眼前的美好,就像是森林里的孩子在深吸着大自然的气息:宏伟的天主教宫廷教堂,乔治·贝尔设计的壮丽新教圣母大教堂、茨温格宫、彼尼茨城堡、日本宫、新犹太会堂和有趣的一下雨就会发出叮当叮当音乐的光雨庭小屋,两边矗立着许多巴洛克风格别墅的拉姆皮茨大街,宫廷大街上的艾克宫带有一个巨大的皇家花园,两侧建有长长廷臣私邸的克赛尔夏宫、蜿蜒而过的易北河,夕阳下那幅带有好多尖塔剪影的德累斯顿金色画卷,太多的美丽无法一一言说,我是多么的幸运!

人们无法用语言去描述一个凳子,然后让木匠根据自己的描述准确地做出自己想要的凳子。同样,用语言来生动地描述城外美丽的莫里茨堡,实在是一件很难办到的事。这座文艺复兴时期的猎宫在 18 世纪被改建成巴洛克风格的宫殿。黄色宫殿的四个角是瞭望塔,周围环绕着小湖,宫殿的剪影倒映在如镜的湖面上,景色美不胜收。还有那华丽炫目的茨温格宫王冠大门、赫勒劳花园、森伯歌剧院、易北三城堡,目力所及之处,皆如梦境般美丽,德累斯顿处处充满了令人意乱情迷的魅力!要是我能找到一位画家,我就恳请他帮我把家乡的这些美景一一描绘下来,那该有多好!

　　或许我会请求他,是否有时间帮我照样子画出一座廷臣私邸,就是位于大花园城堡宫殿两侧的官邸。在我小的时候,就梦想着有一天可以住到这样美丽的官邸里去。假如有一天出名了,一位脖子上戴着根金链子的市长先生来到我面前,授予我一个荣誉的骑士称号,接着我就搬进了大花园里的官邸。清晨,我在宫廷咖啡屋里用完丰盛的早餐,又取些面包喂了喂天鹅,然后沿着茂密的林荫道,来到四周盛开着杜鹃花的卡罗拉湖边散步。中午,我煎了两只荷包蛋,吃完开着窗户小睡了一会儿。醒来我又绕过湖边的一角,来到了动物园,和动物们说说话,或者我去那个举办鲜花展览的地方赏花,或者去卫生博物馆参观,或者去艾以克看马术比赛。到了晚上,我还是开着窗子,甜蜜地进入了梦乡,一个人独享着这个巨大而古老的大花园,在梦中我与曙光女神奥罗拉、奥古斯特、柯尼希斯马克等神话里的人物相遇。

　　整天在花园里享受,我什么时候来写作呢? 你们想知道吗? 哈哈,真的很好奇是不是? 告诉你们吧,有几个皇宫里来的神奇的波兰小矮人替我做这件事情。他们个子非常小,但是非常能干,听到我的指令后就会用一种小小的打字机为我打出各种诗句和小说。在他们打字的时候,我骑上最心爱的苹果斑白马阿尔曼索,沿着大花园里那条又宽又长的深棕色马道疾驰,一直跑到皮卡尔迪。在那儿,我和阿尔曼索坐在一起享用了香浓的咖啡和俄式蛋糕。我不再继续说下去了,否则又扯远了。

　　是的，德累斯顿确实是一座无法言说的像梦境一般美丽的城市。这你们一定得相信！假如有小朋友有些怀疑，那就让你的父亲带着你搭乘火车来这里看看，我说的是不是真实的。但是，即使你们来了，这里也不再是原来的样子了。在第二次世界大战的时候，在某个夜晚，在一个手势的指挥下，无与伦比的德累斯顿城顿时在地球上被擦去了，它被炮弹炸成一片废墟。数百年的时间，造就了德累斯顿的美丽，但是毁灭它，仅需几个小时就足够了。就在那一天，1945年2月13日，八百多架轰炸机投下了不计其数的炸弹和燃烧弹，整个德累斯顿城只剩下一片瓦砾和砂石，大山一样的瓦砾堆看上去就像是一艘沉没的海洋巨轮。这是一个黑色的日子，所有的德累斯顿人永远不能忘记。

　　德累斯顿被轰炸的两年之后，我回到了这里，当我站在无边无际的瓦砾和废墟堆中时，我根本辨不清自己所站的位置。在一块蒙着灰尘的破损的砖头上面，我发现了一个牌子，上面写着"布拉格大街"，我吃力地四处辨认，这真的是我小时候常常玩耍的布拉格大街吗？真的是那条世界闻名的豪华大街吗？真的是那条在圣诞期间挂满彩灯，两边陈列着富丽堂皇的美丽橱窗的大街吗？我眼下站着的地方只是长宽数公里的空旷荒野啊！

　　在1895年，我的父母带着大包小包来到了德累斯顿。埃米尔·凯斯特纳——这个非常喜欢自己开一家手工作坊的皮具匠，成为了一名皮箱厂技术工人。机器时代到来了，它就像一辆坦克，轰隆隆地开来，碾平了一座座私人手工作坊，摧毁了自给自足的手工制造业。制鞋厂取代了鞋匠铺、家具厂取代了木工坊、纺织厂取代了手织坊、瓷器工厂取代了土窑和陶工、皮箱厂取代了手工皮具坊。机器制造又快又好又便宜，陆续还出现了面包工厂、香肠加工厂和帽子工厂、果酱加工厂、造纸厂、醋厂、扣子厂、酸黄瓜厂、干花加工厂，等等。手工制造业一直在为争得自己的一席之地而战斗，直到今天，这种战斗还在继续着，这是一场值得钦佩的战斗，但也是一场前途并不光明的战斗。

　　在美国，存在另外一种情形。有钱的百万富翁到男士服装裁缝店里去定做服装，裁缝仔细地用尺子量取各种身体尺寸，做好之后还要试穿两三次，不断地修改调整，经过很多繁琐的程序才能做出一件完全合体的衣服。普通人则很快地走进一家商店,把原来的衣服脱掉,换上一件崭新的,把钱交到柜台上,然后就焕然一新地出现在街头了。这就像是买扭结面包,不是从传统的面包房里买,而是买面包工厂里出来的产品。

这种时代的进步当然有它的长处。人们节约了时间也节约了金钱。但是就我来说,我宁愿去裁缝店定制服装,因为裁缝师傅知道我的品味和偏爱,我也了解他的技术和手艺。这是一种不时髦的、繁琐的、昂贵的方式,但是我却很享受,每次试衣服的时候,我总会和裁缝师傅一起交谈并发出快乐的笑声。就在前天,我还去了裁缝师傅的店里,他为我做了一件浅棕色的夏天穿的薄西服,羽毛一样轻并且带有涂层的面料,整件上装外面只有一颗扣子,里面还有一颗扣子,用来扣住对面。裤子长度正好盖到鞋面。噢耶,简直太棒了,我现在就要穿上它。

好了,嗯,这真是一套漂亮的西服,我和裁缝师傅都相当满意。哦,我现在讲到哪里了?对了,是讲到我未来的父亲,还有他那破灭的手工作坊之梦。对他来说,那句老话"好手艺金宝藏"不再适用了。住所和手工作坊连在一起的形式几乎消失殆尽。再也没有什么学徒了,也没有学徒期满和到别的城市积累经验了,老的那套都已丢掉,为了赚钱,为了还清债务,手工匠们陆续走进了工厂的大门。机器征服了世界。

每天早上六点,闹钟就响起来了,那位年轻人需要花半个小时的时间,穿过阿尔波特大桥、横穿德累斯顿内城,一直走到特立尼塔斯大街,这才来到工作的地方利博德皮箱厂。他和以前认识的一位同行一起在皮革车间工作,在这里,他们把皮箱部件用铆接件将两部分连接在一起,制成皮箱,这些皮箱像鸡蛋一样,根本看不出有什么不同。到了晚上,他拖着疲惫的双腿回到家里,回到妻子的身边。每个星期六,他还会带回家一个工资袋,但是对于需要购置新东西的开销和旧的债务来说,这些钱根本不够。

所以,伊达·凯斯特纳,这位奥古斯丁家族出来的女人,寻思着做点什么工作挣点钱,在家里就可以做的那种活儿,她不想去工厂做工,她觉得那里简直就是监狱,丈夫在那样的地方工作已经让她很难受了,但也没有办法改变,他只能继续弯着腰,受着机器的驱使。她自己?不,决不能去!她宁愿在家中劳累16个小时,也不愿意在工厂里辛苦8个小时。

她从一个公司里找到了计件加工的活儿,在家就能做,缝制一种给胖女人穿的又宽又结实又有弹性、紧身的束腹绷带,她从工厂往家里拖来成袋成袋的半加工品,在她的缝纫机旁边连续不断地踩着脚踏板,隆隆的声音一直响到深夜。有的时候,传动皮带会从轮子上脱落下来,缝纫针也常常会断掉,维修这些通常要花掉几个芬尼,而加工100条束腹带才能换来一两个马克,赚得实在是太少了,但是聊胜于无,有活儿干总是会让人心里踏实些。

接下来在1898年的秋季,伊达停止了加工束腹带的活儿,她开始加工婴儿的服装。与此同时,她也憧憬不久以后能拥有自己的孩子,而且,她从不怀疑自己的感觉,她会拥有一个男孩子。不久之后,这个愿望就实现了。

1899年2月23日的凌晨4点,国王桥大街66号,一对夫妻经历7年之久的婚姻后,一个健康的男孩带着一头金色的小卷卷,顺利来到了这个世界。接生婆施罗德夫人当时赞赏不已,这真是一个非常漂亮的男孩子!

可惜的是,那些金色的小鬈发没有保持多长时间。我手里现在还保存了一张照片,是在我出生第一天拍的。照片里那位未来的备受小朋友熟悉和喜爱的作家躺在一张白色的北极熊皮上面,一头的金发小卷卷,柔软而又轻盈,就像是丝毛卷。照片不会欺骗人,但是有的时候也会给人带来一种错觉。大家翻出你们小时候的照片看看,有没有觉得小时候自己的耳朵特别大,好像超出了正常范围,大得就好像晚上睡觉用被子遮都遮不住的样子。事实上我们耳朵哪里有这么大啊,难道照片也会给我们带来错觉吗?

不管我头上的鬈发是金色也好,棕色的也罢,没过多久,我就被家人抱着,在三皇教堂举行了洗礼仪式,这是一座古老而又美丽的基督教教堂,位于德累斯顿主街上。在这里我被庄重地赋予了一个名字——埃里希·凯斯特纳。1913年的冬天,还是在这座教堂,同一位神父为我举行了坚信礼。几年之后,还是在这里,我曾作为一名义务助手在这里参加主持礼拜仪式。这些都是后话了。

●●● 第五章　国王桥大街和我

国王桥大街起点和阿克瑟布拉格大街相连，它和皇宫街、奥古斯特大桥、主街、阿尔贝特广场一起组成了令人愉快的繁华热闹的商业街区圈。国王桥大街上有一座历史悠久的餐馆，名字叫作霍拉克斯宴会厅，就在它的前庭花园的旁边，有一所诺丁逊私立学校，牌子上写明是贵族女子专门学校。什么是贵族女子？就是那些父亲是贵族或者是有钱大老板家的女孩子，她们一般鼻孔朝天地走路，傲慢的样子确实像个贵族。当时还有一种学校，比贵族女子学校还要高贵，所以就叫作高级学校。

除此之外，人们有时会遇到这种情况，在一所房屋面前，不知道如何做出决定，是从前门走还是从后门进。前门位于高高的台阶上方，门旁挂着一个牌子，上面写着"仅供绅士出入"；屋子另一边的后门上则标注着"供货物运输和仆人出入"，送货的和仆役出入房子必须从后门，否则一经发现，必被房屋管理者叱骂。在前门牌子的上面，还有一个陶瓷制成的漂亮牌子，上面写着：乞丐和狗不得出入；或者醒目地写着：进门之前请擦干净您的鞋子。我在想，真的有人会照着这么做吗？直到今天我也想不明白，为什么会挂着这种牌子。我只知道，一般人只有在特殊情况时，比如面试之前，才会仔细地把鞋子擦干净，然后上油打蜡。另外，值得说明的是，这种牌子还不是挂在别墅门口的，而是在一栋普通的住宅楼门上。

面对如此情况时，我的父亲总是说："只不过是聋子的耳朵罢了，谁会当真呢？"是的，没错，这种不起作用的牌子后来逐渐地消失了，还有，那些楼梯口旁边的大理石水仙花或青铜雕刻的女神雕像，也落寞地裸露着矗立在那儿，就好像是被人预定后又忘记取走的东西。贵族小姐和高贵的绅士现如今仍然存在于社会之中，只不过，已经不再那么称呼了，尤其不会在牌子上再这么写了。

在我童年住过的三所房子里面，都没有大理石水仙花或青铜雕刻的女神雕像，也没有贵族小姐在里面居住。国王桥大街离易北河越远的地方，变得越来越不繁华，带有前庭花园的漂亮住宅越来越少了，房屋变得越来越高，一般至少有四层，但是租金便宜下来了。这就是"公众出租屋"生活区了，这里的房租一般价格低廉，设有公共厨房、公共读书角、公共儿童游乐区。儿童游乐区在冬天则会变成一个溜冰场。在这个普通住宅区，设有面包店、香肠店、蔬菜店、小酒吧、一个自行车店、两家纸制品商店、一个钟表店、一家椅子店和一家名叫戈里茨的货物进出口公司。

我童年的三个住处都是在这个区域。房子门牌号分别是 66 号、48 号和 38 号。我是在 66 号楼四楼的一个房间里出生的，在 48 号楼我们住在三楼，在 38 号楼我们住在二楼，住得越来越低。我们都不喜欢爬楼梯，希望有一天可以住在有个前庭花园的平房里，但是这个愿望一直都没有实现。

顺着国王桥大街继续往前走，距离市中心越来越远，眼里看到的也会越来越不同。接下来它从军事区域穿过，在这个区域，驻扎了各种兵营，有步兵营、骑兵营、炮兵营、工兵营，国王桥大街就从工兵营旁边穿过，旁边还有军事面包房、军事监狱、武器库。有一天，武器库旁的弹药库曾发生了剧烈爆炸。

"看呐，武器库着火了！"我至今仿佛还能听到人们惊恐的喊叫声。当时熊熊的火焰和滚滚浓烟几乎把整个天空都遮住了，消防队、警察、救护车和围观的群众把现场堵得严严实实的，我和母亲在外面根本挤不进去。这是一场"战争"，如果失败，将伤亡惨重。我父亲当时在兵器工厂做工，就在弹药库相邻的地方。火实在是太大了，还有弹药库接二连三的爆炸，后来整个地区都被封锁了。我和母亲没办法，只好回家等着消息。还好，在夜里，父亲带着一身的疲惫和被烟尘熏黑的脸，平安地回来了。

其实，在这本书里我不应该提到弹药库爆炸这件事。因为这件事情发生在我的坚信礼之后，那时我已经不能算是小孩子了。哦，对了，后来，我还当了兵，一支卡宾长枪横挎在胸前,挺立在工兵军营门口站岗。当然,这个兵营也在国王桥大街上。是啊,我和这条大街彼此根本分不开。

直到有一天,我搬去了莱比锡,这才跟国王桥大街告别。我从没有想到过,有一天我会跟国王桥大街说再见,我对这里是那么依恋,我一直都把自己看作是来自国王桥大街的孩子,这是一条富于变换、魅力无穷的大街,从美丽的带前庭花园的别墅开始,中间一段是一栋栋公众楼房,最后一段则是各种兵营、啤酒厂和空旷的操练场。在这个空旷的沙地练兵场上,我曾作为孩子玩耍过,作为士兵遭受过惩罚性的训练。你们有没有这样做过,双手向前平举着一支 98 制式卡宾长枪,一次性不间歇地完成 250 个下蹲动作?没有?那太幸运了!要完成这些,估计大部分人最后累得都无法呼吸了,我的一位战友当时只完成了 50 个就倒下了,比我差多了。

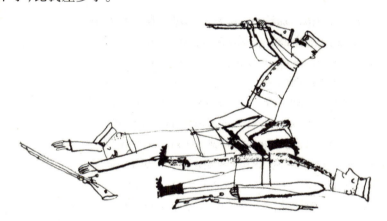

对于国王桥大街 66 号楼的四楼,我回忆不起多少东西了。每一次,当我从那栋楼前面走过时,我都对自己说:"你就是在这里来到人世间的。"有时,我也会从这栋楼的大门走进去,带着新奇的眼光到处看看,但是找不到任何回忆的蛛丝马迹。它对我来说,是完全陌生的。我知道,在那个楼梯上,我母亲曾拎着婴儿车数百次地从四楼走下来,然后拉开放好,但这也帮不了我多少,这座建筑对我来说还是完全陌生的。

对于 48 号楼,我倒保留住了不少回忆。那里的走廊、窗台、楼梯,还是那么的熟悉。我曾经常坐在那个宽大的窗台上面,往楼下院子里张望。楼梯也是我玩耍的地方，在那边我垒过一个骑士城堡，城堡还有一个可以收放自如的城门、几座尖塔和一个可以移动的火车桥。

国王桥大街48号，是我童年时期住过的第二处房子，那里给我留下了非常深刻的回忆。我现在已经很老了，就像你们看到的一样，当我拎着购物袋闭着眼睛在慕尼黑住所的楼梯上站着的时候，突然，小时候在国王桥大街48号楼梯上的情景历历在目：我挎着一个棕色牛皮的购物袋往楼梯上走，袋里装满了东西，非常沉。我先是用左手挎着，过一会儿上到二楼的时候换到右手，左手紧抓着楼梯扶手歇一口气，然后继续往上爬，最后终于走到家门口，喘了一口气把购物袋放下，然后举手去按门铃。我现在还是喘着气在门口把购物袋慢慢放下，简直不敢相信已经过去了五十多年，我已经成了一位老人！

记忆力和回忆有的时候真是有一种神秘的力量。二者互相比较，回忆则显得更加神秘更加不可思议。因为人的记忆力，有好有差。7乘以15等于多少？不久就有人喊出105！没错，答案是对的，于是在场的其他人在脑子里就有了印象。过一阵子再问，有的人会兴奋地喊115！很遗憾，他没有经过计算，只是根据上次的记忆脱口而出这个答案，他的记忆力出了差错，忘记了正确答案。不管怎样，人的记忆力有好有差，每个人的大脑里都有很多记忆细胞，就好像柜子一样，有的人能把柜子装得满满的；有的人却很懒，可能空着一大半柜子空间，里面装着的记忆，有的是正确的，有的则是错误的；有的人更懒，甚至什么都不愿意往里面装，表现出给人头脑不灵光的印象。当我还是个小孩子的时候，我的小脑袋瓜儿是相当灵光的，总爱使劲地往里面装东西。

回忆跟记忆力有所不同，它没有所谓的记忆空间，它不住在我们头脑的细胞当中，你说不清它平时待在哪里，你也不知道它什么时候会来到你的面前。它消失了很久，然后会在某个时刻突然出现，让你猝不及防。它大部分时间都在沉睡，它没有死，只是睡着了，仍然有生命，仍然有呼吸。某一天，它会突然在你的手掌里、脚掌里、鼻子里、心脏里苏醒过来，带你回到以前的时光，一下子回到几十年前，你揉揉眼睛，眼前完全是过去的样子，以至于你都迷惑了：真的几十年过去了吗？

　　小时候的回忆往往是时间越早越深刻。我记得最清楚的事情是 3 岁时候发生的，而不是 4 岁或者 5 岁的时候。为什么我现在对格海姆拉特·海内尔医生和那几位亲切的护士，还有那个私人诊所里的小花园仍然记忆犹新，因为我 3 岁的时候有一次把腿割破了，撕裂开的口子像被火烧着一样疼。处理完伤口，母亲吃力地用双手抱着我往家里赶，虽然我那时都已经会跑了。我在她的怀里啜泣，母亲一边走一边安慰我。我现在仍然能体会到当时我有多沉，母亲的胳膊有多疲惫。疼痛和害怕让我对此记忆深刻。

　　为什么现在我仍然能记起帕提兹先生和他那间位于帕乌茨纳大街上的艺术肖像摄影工作室呢？我站在照相机前穿了一件四周装饰着条纹的白领子海军水手服，黑色的长筒袜和系带皮鞋。羊毛的长筒袜让我总觉得很痒。（如今的小女孩穿长裤，那时候小男孩穿小短裙！）我站在一个有着华丽曲线的矮桌子前，桌子上面摆放着一艘彩色的帆船模型。帕提兹先生整个人躲在带 4 只大长腿的照相机机箱后面，他的头伸进黑布下面，指挥我笑一笑，看我没反应，又取了一个提线木偶拿在手里，晃来晃去，嘴巴不住地"来来，哈哈，呼呼，哈！"可是我觉得他很愚蠢无聊，所以还是继续板着脸。站在旁边的母亲有些尴尬了，在她的引导下，我的脸上勉强挤出了一丝微笑。帕提兹先生趁机捏了下手中的橡皮球，又来回测算了好几下数值。然后他关了照相匣子，记下订单数据："12 寸，通常规格。"

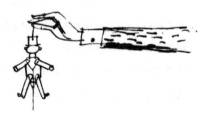

　　这一张 12 寸的照片我至今还保留着，照片的背面，有一行用不褪色墨水写的小字："我的小埃里希，3 岁。"这行字是我母亲在 1902 年写上去的。照片里那个穿着小短裙的小男孩，脸上挂着勉强挤出来的笑容，头上梳着光滑的小马发型，左手放在裤腰附近，我现在突然觉得膝盖窝有些痒痒，这让我记起了那时候

穿的羊毛长筒袜。为什么？为什么这种痒痒的感觉还没有忘记？是因为到帕提兹先生的艺术肖像摄影工作室是一件很重要的事情吗？或者拍照对一个三岁的孩子来说是件很激动的事情吗？我想不是的，到底是什么原因我也不清楚。回忆什么时候醒过来什么时候沉睡，我们对此毫无所知。

有的时候，对于这种问题，我们猜测并感到迷惑。我们试着，把它面前垂下来的面纱往上挑高一些，希望能窥知一二。学识渊博的人和不渊博的人都试过，但它仍然是那么神秘那么深不可测。我和我的母亲有次曾尝试回忆，回忆一个邻居家的小男孩，和我差不多一样的年龄，名字叫纳乌曼斯·理查德，他的头比我要大，是一个非常好的男孩，却不能忍受我的存在。他老是让我陷入麻烦之中，我不知道他为什么要这么做，这个问题一直困惑着我。

那时候在易北河边的日本宫的花园里，我们俩的母亲并排坐在绿色长凳上聊天，我们都躺在各自的婴儿手推车中。再稍大一些，我们一起在小区里的儿童游乐场的沙坑里玩沙子，我们还一起去位于艾尔劳大街的新安东城体操协会进行体操训练，我们都在第四公立学校上学，但是他和我在一起的时候总是有机会就找我的碴儿。

　　有时他往我身后扔一块石头；有时他突然伸出一条腿来绊倒我；有时他撞我的后背，让我向前摔倒；有时他躲在大门后面，当一无所知的我进来的时候，突然关上门，让我撞上去，他爆发出哈哈大笑。我在他后面追，当我把他抓住的时候，他再也不笑了，我并不是特别愤怒，我只是不明白，他为什么要这样？为什么他老是冒犯我？为什么他就不能和我和睦相处呢？我没有对他做过什么，我很愿意和他为友，为什么他要一再冒犯我呢？

　　一天，我问我母亲，我把发生的事情都跟她描述过了，"他只不过是调皮罢了，还像是个躺在手推车里的婴儿。""但是为什么要这样呢？"我无助地问。她又想了想，然后回答我："也许是因为大家都觉得你很漂亮的缘故吧！我们在公园的长凳坐着的时候，那些从我们面前走过去的老夫人、园丁、照顾小孩的保姆，都会朝着躺在手推车里的你不住地看，不停地称赞你。""那你认为，他能明白吗？他还只不过是个小婴儿！""不是从话的内容里面，而是从话的音调感觉出来的。""你觉得他还记得那些吗？尽管他根本什么都听不懂？""也许吧。"我的母亲说，"好了，现在去做你的家庭作业吧。""我早就写完了。"我回答，"我要出去玩了。"

　　当我走出楼梯的时候，趔趄了一下差点栽了个大跟头，纳乌曼斯·理查德又在我前面伸了一条腿。我在他后面追，抓住他，在他耳后给了他一击。又能怎么样呢？他可能还在摇篮里的时候就开始恨我了，现在他也还记起这事，但是他不承认是进攻我，他说他是在做防卫。好吧，总之，后来我再也没有被人绊倒过了。

●●● 第六章　教师、教师、还是教师

　　在摇篮中躺着，我成长着；在手推车中坐着，我成长着；在摇摇晃晃的奔跑中，我成长着。不久，手推车就被卖掉了，摇篮有了一个新的用途：当成放脏衣服的篮子使用了。我父亲还继续在利博德皮箱厂做工，我的母亲还继续在家里加工束腹带，我常常透过儿童床木头护栏看她忙碌的身影。

　　她常常踩着缝纫机忙到深夜。缝纫机嗡嗡的响声经常会把我从睡梦中吵醒。我很喜欢听这种声音，这让我有一种安全感。但是我的母亲却很担心并为此而烦恼。因为做父母的人都认为，小孩子睡眠时间越长越好，我母亲还去了拉德贝尔格大街的家庭医生顾问兹莫曼先生那里去咨询，他的建议是最好停止在家中加工束腹带，否则会影响孩子的健康成长。回来后，我母亲把缝纫机收好放到了一个角落里，并用布盖了起来，而且不假思索地做了一个决定，把家里的一间房间收拾出来转租出去，用租金来补贴家用。

　　我家的房子本来就很小了，但是相比之下，钱夹子更小，母亲跟父亲解释，在没有其他副业可干的情况下，只能转租一间房了。我父亲很快同意了。他们把一间房的东西给腾空，彻底打扫了一遍，然后又配了几样家具进去。他们从温特纸制品店找了一块纸板，制成广告牌挂在大门口，上面写着：一间美丽的洒满阳光的空余房间待租，包含早餐，三楼凯斯特纳家。

　　第一位房客是弗兰克，是一位公立学校的教师。这位弗兰克自己也不知道，他将会对我以后的人生产生很深远很重要的影响。因为他是一位教师，这对我来说有着特别的意义，当时我父母压根儿没往这方面想过，这只能说是一个偶然，这间不错的洒满阳光的房间本来也可以租给一位会计或者一位售货员，但

是最终,租给了一位教师。这次的偶然将会带给我什么样的影响,以后我会给大家好好地讲一讲。

教师弗兰克是一位幽默风趣的年轻人,他很喜欢我们的房间和我们提供的早餐。他经常笑。小埃里希也让他感觉很有趣。晚上的时候,他和我们一起在厨房里坐着,给我们讲他的学校和学校里发生的事情。他经常批改作业,还常常会有其他的年轻教师来拜访他,家里的气氛轻松而活泼。我父亲微笑着在温暖的炉子旁边靠着,母亲说:"埃米尔,别把炉子碰倒了。"所有的人都觉得很快乐。弗兰克先生说,他太喜欢这里了,他永远都不会搬出去的。在他说这句话的几年之后,他还是搬了出去。

他结婚了,需要一个完全属于自己的住所,这确实是一个听上去很不错的解约说辞。走的时候双方都很伤心。他搬到了一个叫特拉亨堡的郊区地方。他不但带走了他的箱子,还带走了他那令人愉悦的欢笑。有的时候,他还会回来看看我们,带着他的妻子和他那熟悉的笑声。往往他在楼房门口还没上来,我们就能听到笑声,从窗户望下去,果然是他,旁边还站着他的妻子。

在他搬出去以后,我母亲又把那块写着"一间美丽的洒满阳光的空余房间待租"的纸牌挂了出去,但其实这完全是多余之举,因为弗兰克先生早就为我们做了打算,他替我们寻找续租客,而且这个人一定也要是位教师。他找来了一位来自京符的女教师,教法语的。她笑得比他少多了,而且,后来她还带来了一个孩子,这给我们的生活带来了一些混乱,让我们很生气很烦恼,这我不想多说了。

玛德莫·以赛勒——那位法语教师,住了没多久就带着那个男孩子搬出去了,我母亲去特拉亨堡探望弗兰克先生,告诉他我们的房间又空出来了,他笑着打包票,他一定会为我们留意,找到一位满意的房客。后来他又为我们找来一位,这回不是女士了,而是一位男教师,是他在那所位于史昂茨大街的学校里的同事,一位个头很高,满头金发的年轻人。他叫保罗·叔里希,他在我家一直住到我高级中学毕业。他搬到我家,租用了两个房间,我家总共三间房,所以我们三口人就挤在一间房子里,不过,他不在家的时候,我可以到他的房间里看书、写作业,甚至弹钢琴。

随着时间的流逝,慢慢地,我已经把保罗·叔里希当成了自己的亲叔叔。我的人生第一次远途旅行就是和他一起的。在我第一个学校假期里,我跟着他去了他的家乡,位于莱比锡沃尔岑的法肯汉姆乡下。他的父母开了一间卖缝纫用品的杂货店,他们还有一个非常美丽的果园。果园里种了好多果树,各种果实挂满了枝头。有黄色的莱茵特苹果、亚历山大梨子,等等。我被允许可以爬上梯子去摘果子。

这是秋天的假期,我们在森林里摘蘑菇,摘了很长时间,一直摘到腰疼。我们还步行去了附近的史益达,就是那个因出了小蠢人而出名的地方。在农舍的阁楼上,我流下了第一次想家的泪水。我还写了人生第一张明信片寄给妈妈,让她不要担心我。法肯汉姆乡下,非常安静,路上没有公共汽车,顶多会有一辆拉粪的马车从面前经过。

再后来,他还差一点成了我的表姐夫,因为他差一点娶了我的表姐朵拉。朵拉和他互相倾慕。但是朵拉的父亲却完全不赞成他俩的婚事。朵拉的父亲就是我以前提到过的那位,小时候做兔子生意的弗兰茨·奥古斯丁舅舅。在他看来,公立学校里的教师都是穷光蛋。当我们的租客对着他未来的老丈人说出"我的名字叫叔里希"的时候,这位刚刚从莱以克大型赛马比赛中回来,并成功摘得一块金牌一块银牌的奥古斯丁舅舅,很不耐烦地把棕色的瓜皮帽子从脑袋上摘下来捏在手里,然后上上下下仔细地打量着眼前这位高个子英俊的金发年轻人,不满地咕哝了一句:"在我看来就是个胆小鬼!"然后转身离开去侍弄

他的那些获奖大马了。

事情接下来就很难办了。这世上好像没有人敢跟弗兰茨舅舅对着干。他甚至还怀疑到我母亲身上，他觉得是她把朵拉和那个人牵到了一起，对此我母亲后来有所耳闻。弗兰茨舅舅就是一位专制暴躁的君主，一位独裁者，一位整天跟马打交道的拿破仑。其实，从根本上说，他也是一位非常出色的人。没有任何一个人敢到他的面前重提结婚这件事，他认为这不是他的错，假如有个人跑到他面前，说一些反对他的话，他也许会挺高兴的。或许他已经等这一天等了好久，但最终还是没有人来。他咆哮起来会让旁边的人发抖个不停，旁边的人发抖会让他更高兴。当他在圣诞树边高声歌唱"噢呜，大家要快乐"的时候，我们在一边听了都会感到毛骨悚然，汗毛直竖。

他很享受这些。我再跟大家重复一遍，我舅舅认为，没人敢出来反对他，不是他的错。在这一章，我主要的描写对象是教师，以后我会专门开辟一章来写我这位舅舅，这样就可以让大家更好地了解他了。他是一位很有性格特点的人，这种刚硬霸道的性格，我们也可以从一些名人身上看到，比如俾斯麦——德意志帝国的奠基者。

当德国首相俾斯麦代表德国召集各国政要举行一场国际会议的时候，他让各国政要围坐在谈判桌前，谈判桌不但很大而且是圆形的，与会者弄不清主席位和座位的等级，大家面面相觑，不知道该如何落座。这时俾斯麦笑了，他拉出一把椅子，坐下说："我坐在哪里，哪里就是最尊贵的位置。"类似这样的话，我舅舅弗兰茨也能说得出口。我舅舅总是能在别人不知所措的时候找到他自己的位置。

我在教师的身边成长。并不是到了上学的年纪后我才遇到教师，在家里时就有了，在我开始写家庭作业之前我就见惯了那些一摞摞蓝色的作业本和本子里各种红色的批改线条。有听写本、作文本和算术本，还有各种各样的教科书、教师用书、教师专业杂志、教育学和心理学杂志、乡土教科书、萨克森历史书，等等，房间里到处都是这些东西。叔里希先生不在家的时候，我就蹑手蹑脚地溜到他的房间，坐在绿色的沙发里，翻阅各种作业本、书、杂志或图片。对于

　　我来说,就像是发现了一个新大陆,那么具有吸引力。假如那个时候有人问:小朋友,你长大了想做什么? 我肯定会毫不犹豫地回答——老师!

　　在我还没有学会读书和写字的时候,我就已经有当教师的愿望了,除此之外没有别的。这是一件不可理解的事情,或许是个误解。是的,在这上面我确实有过误解,但是幸好我及时发现了。当我 17 岁的时候,在一家教师教育培训学校学习,一次实习中,我站到了一所学校的教室讲台前,讲一次示范课,来展示我的授课内容和技术。高年级的教师培训学校学员们站在后面,旁边还坐满了教育专家和教授们,他们在一边旁听并评分。我突然意识到自己有个地方讲错了,吓坏了,感觉自己的心脏都快要停止了。专家们没有注意到,可是学生们觉察到了,他们坐在椅子上,吃惊地望着我,但是他们还是很听话地回答问题、很积极地举手、站起来回答,然后坐下来继续听。授课看似很顺利地进行着,专家们一边听一边点着头。事情在这里出现了转折,学生们有自己的看法。"那位在讲台上讲课的年轻人,根本不是老师,他不会成为一名真正的教师。"他们是对的。

　　我不是一位老师,我只是一名学生,我本不想去教学生知识,我只是想自己不断地吸收知识。我原来想成为一名教师,是因为我不想离开学校,不想中断自己的学习。我渴望一切新的知识,吸收一切新的知识,我不想再三重复旧的知识,就像一位老师每天必须做的那样。我总是感到饥渴,对知识的饥渴,我不是一位合适的未来教育工作者。因为教师需要冷静和耐心,需要处处为学生考虑,而我缺乏这些;教师还需要有奉献精神,需要乐于付出,不贪图安逸。而懒散的教师现在已经够多的了,真正有天赋、有专业精神的教师几乎就像英雄和圣人一样稀少。

　　几年前,我曾和一位巴斯勒大学的教授交谈过,他是一位很有声望的学者,刚退休没多久。当时我问他现在在做什么,他眼神顿时明亮起来,兴奋地说:"做学生!现在我终于有时间来学习了!"他每天坐在大学的阶梯教室里,以70岁高龄和年轻的大学生们坐在一起,求知若渴地接收知识,他可以做大学讲师的父亲,也可以做大学生们的爷爷,他就坐在那里安安静静地听课。他是好几家科学院的成员,他的名字在整个世界听起来都令人肃然起敬,他一生都在不断地学习。现在,他终于有时间继续学习那些他还不了解的知识了。他好像生活在另外一个世界,完全不会在意别人的取笑或不理解。他让自己看起来是那么古怪,但是,我完全理解他,我理解他那种对知识的渴求,他就像我的兄长一样。

　　我理解这位老先生,就像30年前,母亲对我的理解一样。那时,我在教师培训班学习,即将毕业。一天,我站到了母亲前面,感觉非常对不起她,我心情沉重地说:"我不想当老师了!"母亲是一位普通的女性,但也是一位伟大的母亲,她一生辛苦劳作勤俭节约,为的就是想把儿子培养成一名教师。不久,她就50岁了。我只剩下几个星期后的一个考试了,如果顺利通过,就可以从事教师的职业了,就可以养活自己,这样她就可以歇口气了,可以不用那么辛苦。就差那么一点点了,但是我突然放弃了,我竟然对她说:"我不想当老师了!"

　　当时是在家里的一个房间里,哦,是在教师叔里希的房间。保罗·叔里希当时沉默地坐在绿沙发上,我的父亲靠着壁炉外墙的瓷砖,我的母亲站在一盏落地灯下面,灯罩是绿色丝质的,底边四周装饰着贝珠流苏。她问:"那你想做什么呢?""到高级文理中学学习,然后上大学。"我说。母亲想了一会儿,笑了,她同意了。然后她说:"好!我的年轻人!上大学!"

　　这里我似乎又扯远了。因为这些都不属于小时候发生的事情。我似乎应该再一次写下:在这里我就不多说了。但是,这一次我不能简单地这么做。如果不说,就会犯了一个错误。因为人在小时候的一些经历和体验,往往在几十年后还会对他的生活产生一定的影响,我们不能简单地把回忆和现在割裂开来,就像是手掌上的几根手指头,虽然各自独立,但底部总是相连在一起。以前发生的事情和后来发生的事情之间总是有一定的联系。

一个人在讲述他的童年的时候，不可避免地会在讲述中时不时地跳出去，跳到另外的时间点讲一些事情。他跳出来又跳回去，大家也只得跟着跳出去跳回来，真是让读者辛苦了。我没办法改变，所以只好辛苦大家现在跟着我往回跳两步，回到那时，当我还没有去上学，但在家中却有一位教师的时候。

那时候，当一个小学生从公立学校毕业，如果他的父亲不是医生、律师、牧师、官员、商人、工厂主，而是一位普通的手工劳动者、工人、雇员，那么他就不会被父母送到高级中学或者高级文理中学——读完这些学校后才有资格继续上大学，因为这太贵了。他或许会被送到教师教育培训学校学习，这样成本要低得多。那时，孩子们在坚信礼之前，都在公立学校学习，毕业时要参加一场考试。考试没通过，那以后就只能从事普通雇员或记账员之类的工作，像他们父辈一样。如果考试通过，就有资格去教师培训学校，六年之后毕业可以获得临时代课教师的身份，领取工资，帮父母养家，退休之后还有稳定的生活保障。

我最喜爱的姨妈玛尔塔，就是我母亲最大的那个妹妹，也觉得当教师是最好的职业选择。姨妈玛尔塔嫁给了一位烟草预加工商人，她是他的第二位妻子，前一次的婚姻留下了两个女孩，后来玛尔塔姨妈自己也生了一个女儿。他们住在一个带果园的房子里，院子里还养了六只母鸡。玛尔塔姨妈是一位非常快乐的妇人，她总是那么忙碌、那么风趣。三个女儿中有两个死掉了，一个是继女，一个是亲生女儿，长着一头金发的埃莱娜！她俩都是在第一次世界大战开始后的第一年饿死的，尽管那时她的亲戚中有好多是开肉食品店的！好吧，我好像又扯远了。

我的姨妈玛尔塔这样说："让埃里希去当教师吧。当教师非常好，你们自己看看住在你们家的房客弗兰克和叔里希好了，还有他们的朋友缇什道尔夫！"缇什道尔夫是保罗·叔里希的朋友，也是一位教师。他常常来我们这儿做客。要么他和我们一起在厨房里坐着聊天，要么他在叔里希房间墙上的地图前研究，接下来的暑假到哪里去远足。一年之中，有四个星期他都在外爬山攀岩。他带上钉鞋、破冰斧子、成捆的攀岩绳索、安全绑带和一个比一人还高的巨大背包，在阿尔卑斯山区攀登、远足。他登上过塞尼斯峰、蒙特罗莎峰、大理石群峰和威尔顿卡瑟峰等。每次他都坚持寄张风景明信片到国王桥大街。每次当他回来的时候，整个人都变了一个样子，看上去就像是长着一头金发的黑人，皮肤晒成深棕色，看起来又强壮又自豪的样子，饿得就像一匹狼，钉鞋把地板都踩变形了，桌子上堆满了盘子，上面有香肠、奶酪和各种水果。房间里到处都是他兴奋的声音，他跟我们讲那些山岩、峡谷、险峰、冰川、各种危险和各种精彩。

"除此之外，"姨妈玛尔塔说，"教师还有圣诞节假、复活节假、土豆收获假。工作的时候，每天就上那么几节课、每门课的内容都是重复的、学生也都是同一个年龄段的，批改作业的话，也就是在那么三十来个本子上用红墨水涂涂写写，要么就是带学生去动物园参观，告诉学生长颈鹿的脖子有多长。每个月都可以按时领到工资，退休了还有退休金。看，这么舒服这么稳定的工作！到哪里还能找到更好的？"当时不只我的姨妈玛尔塔一个人这么想，其他人也都这么认为，这么考虑过的。但是，并不是这么想就能这么做到的，不是每一个人都能成为一名像裴斯泰洛齐那样的教育家的。

我那时想成为一名教师，并不是为了以后解决温饱问题。那时，我站在母亲身边，帮着她把桌布在餐桌上铺好，然后把装了煎鸡蛋、香肠和火腿的盘子摆到桌子上，我一边把叔里希先生的盘子摆正，一边想：嗯，当一名教师还真不错。

当然，那位金发的叔里希先生根本不会注意到，我总是喜欢偷偷地把我和他的面包调换一下。

●●● 第七章　大回环和入学糖袋筒

　　让我接下来继续讲我小时候的事情。我已经来到了这个世界,这是最主要的,然后我已经拍了第一张照片,接下来我们搬到了另外一处住所,自此总是有一位教师在我们生活中出现,我还没有去上学,家中却已经有了一位教师。但是他不是我的家庭教师,他从来都没有教过我知识,哪怕是最基础最简单的知识,但是我却要为他准备早晚餐,预热盘子、摆上油煎荷包蛋。"当我长大了,"我想,"我也要成为一名教师! 这样我就能像他一样,有好多好多书看,有好多好多荷包蛋吃! "

　　在我入小学的前一年,我成了一名六岁的体操队员,是新安东城体操协会体操队最年幼的队员。我当时总是让母亲不得安宁,我闹着要去学体操,母亲对我说:"你太小了,年龄还不够,等七岁了,就答应你去学。"我不死心,总是在她旁边不停地唠叨、不停地闹着。终有一天,母亲带着我去了。那里一共有两间训练大厅,我们在那间小一些的训练厅里找到了扎查里亚斯先生,当时有一队男孩正在进行体操训练。他问:"孩子多大了?""六岁。"母亲回答。他对我说:"你必须回家等着,等满七岁了再来找我。"我突然两手高高向上举着,接着身体向前倒下,用一只手撑着地,来了个漂亮的劈腿空中翻。扎查里亚斯先生笑了,那些练体操的男孩们也都笑了起来,大厅里笑声响成一片。扎查里亚斯先生对茫然不知所措的母亲说:"好吧! 请您去买一双体操鞋,星期三下午三点开始第一堂训练课。"我兴奋极了。我们接下来去了鞋店,买了体操鞋。晚上睡觉的时候,我把它搂在怀里。星期三到了,我提前一个小时就到了体操训练厅,你们知道吗,扎查里亚斯先生是干什么工作的? 教师! 没错,他也是一名教师。是

教师教育培训学校的一名教师。后来,当我到教师教育培训学校学习的时候,我还是他的学生。我们后来在一起的时候,他还笑着回忆起第一次遇见我的时候发生的趣事。

　　我对体操运动非常热爱。铁哑铃、艺术体操棒、爬杆、双杠、单杠、鞍马、跳箱、高空吊环,这么多的体操项目,我依次练了个遍。高空吊环是我最喜欢的一个项目,经过长久的训练,我很享受在高空吊环上完成一系列的动作:上摇摆、翻转、支撑不动、屈腿、劈叉、屈膝滚翻、侧向腾跃、从摇摆的吊环上脱离并腾跃、在空中抱膝向后翻滚几周后屈腿轻轻落在体操垫上,站直。完成这样的一系列动作简直是太令人享受了。当经过长时间的训练后,身体会变得越来越轻盈,可以看起来毫不费力地在空中用两只手牢牢地抓住吊环,以轻盈、美妙、优雅、柔韧的身姿流畅地完成一系列的体操动作,最终灵活翻转并稳定地落下,还有比这更令人骄傲的吗?

　　我成了一名相当不错的体操队员。在每次的体操表演中都表现突出、引人注目。我常常参加表演,但是,要说是一个特别优秀的体操队员,那倒还算不上。因为我有些胆小,害怕失误。我知道这是因为什么。那是有一次,我的一位同伴在吊环上做一个大回环动作,由于手没有抓牢吊环,突然在空中头朝下俯冲下来,站在一边的辅助同伴没有及时地接住,结果他被紧急送往了医院。自此之后,我再也不敢去做大回环动作了。这样胆小在别人看起来似乎很丢脸、很耻辱。但是我没办法说服自己再去尝试做一次,丢脸在我看起来总比颅骨骨折要好得多。我这样做对吗?我觉得是对的。

我愿意不断地进行体操训练,因为我喜欢。但是我不想成为一名英雄,最终我表现得也确实不是个英雄,甚至连个假英雄都算不上。你们知道真英雄假英雄之间的区别吗?假英雄是没有害怕的,因为他傻乎乎的连危险都觉察不到,所以他去做了,一无所知地去做,当然没有害怕和焦虑;而真英雄能意识到危险并抑制住内心的恐惧和慌乱。我做不到这些,我能清醒地意识到潜在的危险,如果战胜不了恐惧我就选择逃避,谁知道呢,或许有时候我要感谢这些恐惧,否则我就变成一个真正无畏的但是已经死了的英雄了。虽然成不了英雄,但至少能做一个诚实的人。事情有的时候真不是那么简单就能说清楚的,总而言之,我这一辈子都做不了英雄了。

我不断地进行体操训练,训练我的肌肉、手脚、胳膊和腿以及身体的各个部位。通过训练我希望身体能变得更加健康更加有柔韧性。我们不单单需要锻炼自己的身体,还要让自己的头脑也接受训练。身体和头脑的训练要共同进行,就像一对双胞胎,两方面要平衡发展,共同进步。但是很遗憾,有些孩子只乐意体育锻炼,不愿意学习。甚至有的孩子,既不愿意锻炼身体也不愿意学习!这真是让人感到遗憾。对于二者我都很喜欢,我还记得,上学的第一天,我是多么地兴奋和开心!

但那一天到来的时候,我还哭了一次。

第四公立学校位于缇艾克大街上,离易北河不远。学校里的建筑既堂皇气派又显得灰暗阴森。学校门口有两扇大门,一扇供女生进出,一扇供男生出入。在学校里任何时候,学生们身穿暗红色或黑灰色的硬挺的不舒服的制服,看上去都一副沉默刻板的样子,半点活泼也没有。看起来这些学生和那些建筑师建造出的大楼一样，既沉闷又僵硬，建筑师几乎把学校建成了一座兵营。为什么他们就不设计建造一些明亮的、看上去令人心情愉悦的建筑物呢？我也不知道。或许这些建筑师不喜欢看到学生们在学校里快乐开心的样子，他们认为学校就是严肃认真学习的地方，不是快乐玩耍的场所。他们想通过肃穆的外墙、阴森的走廊和昏暗的楼梯处处提醒学生们，这里应该是一个安静的、肃穆的学习场所，就像是一个老师拿着教鞭教训犯了错哭泣的孩子一样。

我对学校不感到害怕。因为我还没有见过那种明亮的、生机勃勃的校园，虽然这种校园肯定存在。那位胖胖的教师布莱姆瑟先生把刚入学的孩子们和他们的家长都邀请到了教室。我不像其他孩子那样感到有一些陌生和恐惧。我一点也不怕新老师，因为我对于教师并不感到陌生，我知道他们也会笑、也会吃荷包蛋、也会睡午觉、也会为了放长假而高兴。没有什么理由能让我感到害怕。

布莱姆瑟先生按照个子高矮的顺序安排孩子们依次在靠背长条椅子上坐下，并挨个儿把名字记录在本子上。家长们都挤在教室的后排站着，过道里也站了不少，他们看上去也有些紧张和兴奋，每个家长的怀里都抱着一个五颜六色的糖袋筒，这些糖袋筒有的大有的小，这是他们的作品。按照传统，每个家长都要为自己的孩子做一个又长又大的圆锥形糖袋筒，里面装满糖果和礼物，赠

送给孩子用来祝贺他(她)第一次踏进学校的大门。家长们你看看我的我看看你的，暗自比较谁的糖袋筒又大又漂亮，有的家长很骄傲，有的家长暗自嫉妒。我真应该让你们看看我的糖袋筒，那是一个超大超棒的糖袋筒，色彩绚丽，仿佛是用上百张风光明信片做成的，大到我抱在怀里都能遮住鼻尖，而且像煤桶一样沉！我心情愉快地坐在座位上，朝着妈妈眨眨眼，母亲抱着她亲手做的大糖袋筒，骄傲得像个侯爵。有几个孩子哭了起来，想去找妈妈，哭声听着让人心碎，他们的家长只能不安地在一边看着。

后来终于结束了，布莱姆瑟先生和我们说了告别的话。家长们带着孩子和糖袋筒一边聊着天一边向外面走去。我把属于我的糖袋筒紧紧地搂在怀里，就像是抱着一根粗旗杆。有时我不得不叹口气把糖袋筒的尖儿放在鹅卵石路面上支撑一会儿，或者抓住妈妈，让她帮我往上托一下。我的糖袋筒实在是又大又沉，我看起来就像是个吃力的家具搬运工。这真是一份甜蜜的负担！

我抱着大大的糖袋筒，和母亲一起穿过格拉瑟斯大街、巴乌策讷大街和阿尔贝特广场，进入了国王桥大街。从路易森大街街口那儿开始，我就一直没让糖袋筒离开过我的手，因为这仿佛就是一面凯旋的旗帜，令人骄傲不已！路上的行人和邻居们都用惊奇的目光注视着我，一群小孩子也围着我或者跟在我后面走，就像是一群蜜蜂嗅到了花蜜的味道。"现在要去哈乌波得小姐那里！"我的嘴巴在大糖袋筒的后面说。

哈乌波得小姐是位老小姐了，是一位我非常喜欢的女士。她在我们家住的楼房的前侧经营一家洗染店，是一家小有名气的麦尔可什洗染店的分店。我经常在这家安静干净的小店里玩上几个钟头，店里弥漫着洗净的衣服散发出来的清香和刚被清洁上光打蜡的皮手套的味道。哈乌波得小姐很喜欢我，她总是用一种温柔爱怜的眼光注视着我，我非常尊敬她。

母亲用手推开了门，我跟在她后面，双手抱着糖袋筒，抬脚往上走，筒上面系着的缎带蝴蝶结挡住了我的脸，我看不见脚底的路，突然在店门前的台阶上跟跄了一下，手里的糖袋筒尖折断碰翻了，我顿时惊呆了！筒里的东西像下雨一样，纷纷落下，落到我的靴子上，落到旁边的地上。我站在一个由夹心巧克力、甜椰枣、复活节兔子糖、无花果干、甜橙蜜饯、小蛋糕、华夫饼、金龟子巧克力组成的小山堆里。我呆呆地使劲向上举着一个几乎空了的糖袋筒，哭了起来。旁边的孩子不断地尖叫着，母亲用手把他们挡住了，哈乌波得小姐出来站在店招牌边也一下子怔住了。

我们赶紧把地上的财宝收起来，放进我的那个漂亮的棕色牛皮新书包里，然后穿过洗染店，从后门进入了楼梯间，上楼梯回到了家里。我伤心的眼泪止不住哗哗往下流，简直就像天塌下来了一样。第一天上学，我收到了两件礼物，一件是妈妈精心制作的糖袋筒，里面装满了她对我的爱；另一件是爸爸精心为我制作的棕色牛皮书包，既漂亮又结实。现在，两件礼物合并成一件了，晚上父亲回家的时候，把我的书包倒空，把里面清洁了一下，然后拿出他的皮革刀，割了一块牛皮，为我的书包做了一个附加的口袋缝了上去，袋口上有一根可调节的皮带子，用来收拢袋口。这样我可以把吃的东西和早餐放在袋子里带到学校。

独自步行去学校有时候比开始学习还要难。在我们的教室，只有一位成年人，那就是布莱姆瑟先生，他要求，只要他站到了教室里，任何人都不能比他晚到，否则他扭头就走，课也没人上了。如果没有他，那就没人教我们字母、音标和数字了。但是如果每天上学都要母亲陪同，被母亲牵着小手带到学校，那也太麻烦了。七岁，已经不是一个小小孩子了。我要大胆地尝试自己一个人走路去上学！凯斯特纳夫人也想放手尝试一下。她是一位勇敢的女性。不过，她只尝试了八天，后来放弃了。我清晨背上小书包，餐袋子里装满吃的，骄傲地一个人往学校所在的缇艾克大街走去。傍晚，我再独自安全地走路回来。呼啦啦，我成功了！

许多年之后，母亲告诉我，那个时候到底发生了一些什么样子的真实事情。清晨她等我背上书包出门了以后，立刻戴上她的帽子，悄悄地在后面跟踪我。她心里其实充满了恐惧，很害怕我会被什么撞上。但是同时，她又不愿意阻挡我对独立的渴望。所以，她决定每天偷偷地在后面护送我去学校。当她意识到我可能察觉到了什么，可能会回头张望时，她就立刻闪到旁边的一家商店里，或者躲到广告柱子后面。有的时候,她还会躲到往同一个方向走的比她高大和壮实的路人后面,如果别人露出奇怪的眼色,她就一边解释一边一直盯着我,唯恐我会跑出她的视线。阿尔贝特广场上到处跑着的有轨电车和货车,是我母亲最大的担心。当她躲在库尔夫斯腾街角目送着我快乐地走进学校大门时,提着的一颗心终于落了下来,她长长地舒了一口气,用手把头上的帽子扶正,端正了身姿,显得很有教养很体面地走回家,再也不用东躲西藏扭来扭去了。过了一些天后,我母亲终于对我放下心来,她认为,我并不是像她想象的那样不小心谨慎。

　　除此之外,母亲还有一个小小的烦恼:每天早上把我从床上叫起来实在是很困难,尤其是在冬天,天都还没亮。母亲有她自己的办法。她到我的床边不停地哼唱自己编的小曲儿"埃里希呀埃里希,快点起床啦;埃里希呀埃里希,上学要迟到啦。"她不断地哼唱,声音越来越大,越来越有威胁,直到我受不了了,揉揉眼睛不满地从床上爬起来。现在我闭起眼睛,耳边仿佛仍然响起母亲叫我起床时哼唱的小曲儿。

　　我眼前再次浮现出小时候自己一个人去学校的场景。清晨很早的时候，我一个人独自穿过街道、穿过阿尔贝特广场，后面总是有一位滑稽的妇人偷偷尾随着，她一会儿闪到旁边的商店里，一会儿躲到广告杆后面，一会儿又躲在路人的后面或者是从街角的墙后面鬼鬼祟祟地探出头来张望。一会儿快，一会儿慢，还不断地左躲右闪。如果要是我见了，我可能会说：哦，看呐，这个可怜的人怎么疯疯癫癫的？或者说：哦，我是在看一出悲剧吗？又或者问：这里是在拍电影吗？

　　现在，我知道了一切答案。现在还会有人像我母亲那样做吗？我不知道，因为我根本就不是一个早起的人。

　　学生在学校里学习，不可避免地会出现上课时注意力不集中的现象。我在这方面尤其突出。有时候课程上得太慢了，我就感到很无聊，于是我就用手悄悄地去捅前边、后边或旁边的同学，然后大家一起说悄悄话。七岁的男孩子碰到一起，总是有好多有趣的内容可说。布莱姆瑟先生正沉浸在他的授课之中，他在给班上的三十多个德累斯顿小男孩讲授字母表，讲着讲着，他感觉到班上至少有三分之一的学生都没有在听课，而是在窃窃私语，互相闹着玩儿。而且他看出来了，我就是那个带头的。布莱姆瑟先生失去了耐性，他生气地说，如果我再不改正，就给我父母写一封信告诉他们。

　　下午放学回家的时候，我把这件自己觉得挺有趣的事情告诉了母亲。我走到家里的走廊上，书包都还没有从背上拿下来，就急着大声向母亲汇报："他说他要给你们写一封信，还说他的耐性到头儿了。"母亲一听急了，她没有想到我完全没把这当回事儿，而且竟然觉得很好笑。她严肃地教育了我一通，给我讲了好多道理，最后我保证以后在课堂上不再捣乱，不去扰乱课堂纪律。对我来说，上课管住自己，每天上课认真听讲，还是很难保证的，但是，保证不扰乱课堂纪律，不影响别人，倒不是一件难事。

　　接下来的一天，母亲背着我私下里去拜访布莱姆瑟先生。当她把我的事情说出来后，布莱姆瑟先生笑了。"不，没那么严重。"他说，"他是个有趣的孩子，其实班上的孩子都盼望他们的父母能收到一封我写的信。""我的埃里希在我面前从不保守任何秘密。"凯斯特纳女士有些自豪地说。布莱姆瑟先生心满意足地点了点头，说了句："哦哦，是啊。"接着他问："您是否知道，他长大后想干什么？""哦，"母亲说，"教师！"布莱姆瑟先生点了点头说："看来这对他来说不是件难事。"

关于在布莱姆瑟先生办公室进行的这场谈话，我知道的就这么多了。我兑现了我的保证，从此再也没有在课堂上捣乱。我甚至去尝试，尽可能地集中注意力去听讲。我是一个说话算话的人，现在也还是这样。我从不贸然许诺什么，对于自己很难办到的事情，我从来不去许诺，而一旦我许诺的话说出口，我就一定会办到，而且会办得比当初许诺过得还好。

当一个孩子学会了阅读，而且喜欢上了阅读，那么，一个新的世界就在他的面前打开了。这是一个由字母组成的世界，这个世界神奇、美丽、充满吸引人的魔力、无边无际。在这个由黑色印刷字母组成的世界里，你甚至会见到一些你在平日的世界里见不到的，比如幽灵、神明。如果一个人不会阅读，那么他就只能看到在他鼻子尖下面发生的一切。如果一个人学会阅读，那么透过书本，他可以见到原本遥不可及的宙斯、神牛和神话里其他的各方神圣。学会了阅读，就等于有了第二双眼睛，它会带你看到另外的世界，你只需要注意，在阅读的时候，不要毁坏了你的第一双眼睛。

我读啊读啊读啊。没有哪一个字母能从我的眼皮子底下逃掉。各种书、广告纸、公司广告牌、名片、传单、使用说明书、墓志铭、挂历、饭店菜单、母亲的菜谱、寄来的风景明信片、保罗·叔里希的教学杂志、萨克森的风景介绍，还有又脏又湿的用来包裹大头菜的包装报纸。

阅读对我来说，就像是呼吸空气一样，自然并且不可缺少。离开阅读会让我感到窒息。我阅读一切带字的东西，读得懂的，读不懂的，我都拿来阅读。"这不是给你读的。"我母亲说，"这个你根本看不懂！"我不管，我还是要读。然后我想："大人什么东西都能读懂吗？"今天，我也已经是个大人了，我可以毫不犹豫地回答这个问题。大人们当然也不是所有的东西都能读懂。假如人们只去读那些能读懂的东西，那么印刷工人和排字工人就可以早些下班了。

●●● 第八章　八岁左右时忙的事儿

　　五十年前和现在一样，每天都是二十四个小时。其中十个小时，是用来睡觉的。剩下的时间，就按照每天的日程安排按部就班地去做。每天我到缇艾克大街去上学，到艾尔劳大街去训练体操。我坐在厨房的饭桌上写家庭作业，一边写一边还要留意炉子上烧的土豆是不是烧过头了。中午和母亲一起吃饭，晚上和父母一起吃饭，他们教我如何正确使用餐具，左手拿叉子右手拿刀子。这对我来说有些困难，因为我天生是个左撇子。如果我想要添些什么，必须要耐心等候，要按照顺序，小孩子不能挤到大人前面去取吃的东西。我还陪着母亲在商业街上闲逛，在各种各样的橱窗前，站在母亲的身侧，无聊地看着那些我一点儿也不感兴趣的商品。或者我和弗里斯特·弗莱兹还有格劳丝海尼希·艾尔娜在我们这栋楼的后院或者其他后院里玩耍。我们在院子里的松树、沙地、杜鹃花丛里钻来钻去做游戏，扮演国王卫士、印第安人或者强盗。有时候我在比思霍夫广场上旁观别人打架——国王桥街上的小青年和海克特派的一帮好斗的乌合之众打群架，我当然是支持国王桥派的人了。其余的时间就是看书。

　　成年人每天可没这么多时间。当我在写书的时候，常常觉得时间不够用，连看书的时间都没有了。没办法，我只好缩短睡觉的时间。但是第二天又必须要早早起床，因为还要到四季宾馆赴约。接下来时间过得更快了，要把剩下的日程安排赶紧处理掉。女秘书已经在公司里等我半个多小时了，当我匆匆地赶到公司里的斯达姆咖啡吧，坐下来休息一下喝杯咖啡时，女秘书站在我的旁边，手里拿着一大沓需要处理的信件，简要地念给我听。当我把必须要处理的事情差不多或者至少处理了一半以上的时候，我会去电影院看场电影，但是其实我基本上没去过。对于成年人来说，每天的时间过得飞快，就像是被单被放到洗衣机里去洗，拿出来后发现缩水得厉害，变小了很多。

小孩子每天有很多时间忙来忙去地去玩，同时他们在玩耍中不断地成长，就像是芦笋从沙土中慢慢地破土而出，越长越高。我小时候和其他的孩子不太一样，每天我得忙着学习、阅读、练体操、买东西、削土豆皮，帮父母分担家务，做了好些其他孩子不需要做的事情。在我服兵役的时候，军队里的体检医生给我测量了身高，然后在我的服役证上写下：1.68 米！这个数字可真让人气馁。当然，世界上也有很多矮个子，比如凯斯、拿破仑、歌德等。还有阿道夫·文策尔，他的个头更小，当他坐着时，别人以为他站着，当他从椅子上站起来时，别人还以为他坐着。但是这些人虽然个子矮小，却没有妨碍他们成为巨人，成为伟大的人。所以我们不要因为自己个头矮小而感到沮丧、自卑，不要轻易怀疑自己的能力。

我很喜欢去学校，而且在上学的日子里，我从来没有旷过一次课。关于这一点，可以在学校的考勤记录本里得到求证。每天早上，我飞快地背上书包来到学校，不管我身体健康也好，或者是有点不舒服，比如嗓子发炎、牙疼、肚子有些疼、屁股上长了个小疖子等，我都会去学校上课。等到放假了，我才会去医生那里看看身上的一些不舒服。我想学习，我不想耽误任何一节课。只有一次，发生了一个意外，我差点屈服了，差点没能去学校上课。

事情是这样的：在一个星期天的晚上，我结束完体操训练后，在回家的路上顺便去了史达姆尼茨夫人开的花店买了一束鲜花。当我回到家，刚走进楼里的通道时，我发现楼梯刚刚被清洁过了，上面的水迹还没有完全干。这一定是我那特别爱干净的母亲刚刚擦的，为了不把楼梯踩脏，我使劲地抬高腿，三阶楼梯并作一步往上跨，嘴里还兴奋地喊着：妈妈，看我给你带了什么？话还没说完，突然间我滑倒了，从楼梯上摔了下去，落地的时候因为嘴巴还张开着，下巴狠狠地碰到了花岗岩楼梯台阶上，舌头差点被咬掉了下来。这次发生的事情真的是太可怕了，我几乎在舌根的位置把舌头给咬掉下来了。我们的家庭医生兹莫曼先生是一位非常和蔼的人，嘴巴上留着两小撇八字胡，他仔细地检查了我的嘴巴后跟我父母说,可能暂时没办法说话了,因为舌头接下来会肿得很大,像一个巨大的肉丸子塞满整个口腔,剧烈的疼痛会持续很久,有可能需要动手术,把断裂的地方用针缝起来。因为舌头是一块很重要的肌肉,如果舌头上的伤口长不好,会影响到以后的说话、吃饭和喝水。用针缝舌头,父母和我听了都差点晕厥过去。还好,最终兹莫曼先生还是决定试试保守的治疗方法,让我一边服药一边让舌头自身慢慢恢复,并且特别嘱咐一定要卧床休息,多喝些菊花茶。接下来的一夜过得真是非常艰难,我的嘴里连容下十滴菊花茶的地方都没有了,吞咽也变成了一件很艰难的事情,不知道最后我是怎么睡着的。

但是在星期一的早上,我不顾医生的嘱咐和父母的极力反对,坚持要去学校上学。虽然腿也摔伤了,走路还有些不稳,最终我还是奔到了学校。母亲也跑着,跟在我后面,她气喘吁吁地跟老师解释发生了什么事,请求老师多留意我一些,然后又不放心地回头看了看我肿胀的脸蛋,最终离开了。教室里所有的人都惊愕不已地看着我。

大约六个多星期后,舌头上的伤口痊愈了。头三个多星期,我只能用吸管慢慢地吸一些牛奶来喝。接下来的三个星期,我还是喝牛奶,但是可以加一些掰碎了的烤面包片进去。在学校的早餐时间里,我坐在教室里,听着外面的喧闹声和笑声,只能艰难地咽一些口水。上课的时候,我也只能缄默地坐着听讲,当没有人能回答出老师的问题时,我会赶紧写一张小纸条,递到讲台上面。

舌头最终还是没有被缝针,它自己慢慢地消了肿。又过了半个月,我可以正常吃饭说话了。直到如今,你们还可以在我的舌头上看到两条疤痕,左边一条右边一条。随着时间的流逝,疤痕也在逐渐缩小。当然,请不要真的要求我把舌头伸出来,因为我还不想让大家看到我的舌头。

夏天的时候,我们喜欢到离家不远的黑勒去玩耍。那里是完全不同的另外一个世界。在那里,我们采摘覆盆子吃,草丛里的石楠花散发着清香,松树树梢在无声地摇动着。慵懒的暖风带来一阵阵刚出炉的烤黑面包香味,那是从附近军营面包房里带过来的。有时会有一辆开往克劳申恩的慢速火车嘎吱嘎吱从这儿经过,或者两名带枪的士兵押着一小群犯人从这里经过,回到部队监狱。

这些犯人身上穿着工作服，头上戴着没有帽徽的军帽，脚上穿着士兵短筒靴，从我们前面的沙地上沉重地踏过去。

我们就看着，看着他们越过那些纵横交错的铁轨，然后消失在远处的牢房里。那些军事监狱的牢房窗户，都被装上了铁栏杆，有的窗户还被木板条封死了，只能从最上面的缝隙里漏点光线进去。我们听说，那些封死的窗户的牢房里，都蹲着一个重刑犯，他们整天见不到一点儿阳光，看不到太阳、松树林，还有我们这些在盛开的花丛中钻来钻去玩印第安人游戏的孩子们。但是他们肯定能听到火车站那边传来的火车信号声音。他们到底犯了什么样的严重错误，我们也不知道。

石楠花依然热烈地开放着，空气中弥漫着黑面包的香气，火车信号嘀嘀嘀地响着，一列火车朝这边缓缓驶过来，呼哧呼哧地向外喷着白汽，候车的人从长凳上站起来，站直了身子，把头上的军帽扶正，手里还握着一束鲜花，然后向火车走去。我们向着火车挥手致意，直到它在前方拐弯的地方消失。然后我们

就回家了，我回到了我们在国王桥大街租住的房子里，那里有父母和准备好的晚餐在等着我。

要么我就在后院里玩耍。我在晾衣竿上耍体操动作，或者到厨房里弄出一块面包用纸包好，然后从厨房的窗户往后院里扔。面包在空中翻了几个跟头然后啪的一声落到院子里的鹅卵石路面上。面包有时候夹了厚厚的肉肠片，有时候只是简单抹了层黄油酱。掉下来的面包就像是《圣经》中以色列人经过旷野时

获得的神赐食物，格外美味！我后来再也没有吃到过比这还要好吃的东西了。不管是在苏黎世那家著名的巴乌拉克，还是伦敦那家赫赫有名的里兹宾馆，都找不到比那好吃的食物。甚至有一次，我恳请宾馆的主厨为我做了一份用松露调味的鹅肝酱涂抹的面包片，并给了他一笔不少的小费，让他用纸包起来从窗户里扔到外面的宾馆平台上，可是捡起来吃了，还是没有小时候的那种抹黄油酱的面包香！

　　如果下雨，我们就在走廊里玩。或者，我们穿过开肉食店的肯斯里先生家的马厩，来到散发着干草和各种剁碎的草料气味的饲料仓库里玩。我们爬上停在那里的运货的马车，把皮鞭在空中抽得啪啪响，想象着自己驾驶着一辆马车奔驰在广袤的草原上。或者，我们去找古斯塔夫的父亲，他正在肉食店的加工坊里忙着，在水槽里清洗各种肉块和猪肠子，准备加工成火腿肠。我们最喜欢在星期五过来找他，因为那天会有很多新鲜的血肠和肉肠刚做出来，我们正好可以品尝到一些。我们都相当有经验，总是老道地指出我们的看法："嗯，这个味道不错，很地道的温热蒜肠味道。"

　　想到这里，我坐在写字台前，口水几乎都要流下来了。但是没办法，因为现在已经买不到正宗的温热蒜肠了。它已经在市场上销声匿迹了，就算是在萨克森的市面上，也找不到蒜肠的身影。难道我小时候的肉食店老板把他家的蒜肠秘方一起带到坟墓里了吗？这真是一件让人难过的事情。

　　有一段时间，我沉迷于打桌球游戏。我有一位同学，他的父亲在附近的约翰城河岸开了一家小客栈。下午，客栈里通常都很闲，没什么客人。他父亲这时候常常都在客栈楼顶的卧室里睡午觉，一位女服务员会在楼下守着，因为可能会有迷路的、又累又渴的旅行者走进来。她在柜台后面冲洗玻璃杯，倒两杯甜啤酒或者是两杯加了覆盆子果汁的真正啤酒，递给我们喝，还给我们每人一根搅拌棒。然后，她又很有礼貌地带着我们来到活动室，这里，放着一张大大的台球桌！

　　我们把身上的夹克脱下来，挂到椅子的靠背上。这里的衣帽架太高了，我们够不着。我们从靠墙放着的台球杆中，挑出最小的那支，我们得用尽力气踮起脚来才能拿得动，因为它实在是太长太粗太重了。这真是一件费劲的活儿。台球桌也太高太宽了，我们得把身子靠上去，然后尽量往上伸展才可能击得着球，但是不管怎样竭尽全力，后腿怎样在空中挣扎，那个光溜溜的象牙制成的台球总是不好好地往洞里滚。要是想把比赛的得分写在那块计分板上，我们还得搬把凳子站上去才够得着。虽然我们的样子看起来挺滑稽的，但是我们一直都很严肃、很认真、很郑重其事，就像是成年人在参加德中地区台球赛一样。这种严肃的气氛带给我们很多快乐。

直到有一天，我们突然发现，台球桌上昂贵的绿丝绒台面上不知被谁戳出了一个大洞！我不知道这是怎么回事，也不知道是他还是我不小心戳破的，那个

三角形的大裂口是那么显眼，想遮都遮不住。我有些害怕，悄悄地溜回了家。而我的同学，那天晚上没躲过去，被他有经验的父亲发现了，抓住痛揍了一顿。从此之后，我们的台球比赛和甜啤酒都消失了。那间客栈的名字、客栈所处街道的名字，甚至我那位同学的名字我现在都记不起来了。为什么会这样？我也不知道。时间就是一个大筛子，有些回忆筛住了，有些漏了出去，谁也不知道漏到了什么地方。

小孩子都很喜欢演戏。小女孩喜欢抱着她的布娃娃，扮演妈妈的角色；男孩子喜欢在头上倒扣一个铝盆，手里拿着一根棍子，压低声音嘶吼，扮演勇敢的骑

士或者威力无比的皇帝。有的时候大人们也会换上表演的服装很有兴致地参与进来。特别是在二月，人们会去购买、租借或者亲手缝制一些化装表演的服装，穿着这些戏服在台上扮成白人女仆、火星人、黑奴、吉普赛人的样子跳舞，兴奋得跟平日里完全两个样子。

我对这方面不感兴趣，也没有表演的才能。我虽然非常喜欢一些角色，但是我根本不想去扮演他。我虽然非常喜欢到剧院观看各种演出，但是仅是作为观众在下面欣赏而已，我一点也不想参与演出。当我参加狂欢节的时候，为了配合大家，不扫人们的兴致，我最多只在自己的嘴上粘两撇胡子，扮成威廉皇帝站在狂欢的人群中，只是傻傻地看着，既不跳也不蹦。是我太腼腆了吗？还是我太理智了？我也说不清。

那么，就做好一名观众吧！观众也很重要。假如剧场的前排空着，一个观众也没有，那么那些演员也就不需要戴上假发和王冠了，他可以把借来的发饰和戏服统统收好，放到化妆匣子里还回戏服租赁店了，然后再去另外找份谋生的工作。幸好，还不需要这样做，因为还有像我这样的观众！

我的观众生涯开始得非常早，第一次其实是个偶然。那时候我大概七八岁的样子，我的母亲有个朋友，薇娜太太，她是一位制帽女工，她给我母亲介绍了她的朋友冈斯夫人。冈斯夫人和我母亲一见如故，她们很快就成了好朋友。冈斯夫人是一位颇有风度的女士，我对她印象挺深。她高贵的样子就像是一只天鹅或者孔雀。她嫁给了一位戏剧家，有两个女儿。大女儿长得非常漂亮，但是身体孱弱，自小就常年躺在病床上，后来死掉了。另一个女儿叫海尔迪，也很漂亮柔弱，而且还脾气古怪，就像烟花一样，一点就着了，爆发起来不可收拾。正是因为这种容易激动不可控制的脾气和性格，导致她很孤单，找不到伙伴玩耍。她只得让自己沉醉于戏剧表演。

不论是走着还是站着，这位小海尔迪·冈斯都在表演着戏剧，没有观众她也自顾自地一个人忘情地表演着。后来她有了观众，有观众的表演是自从我和母亲到她位于库夫斯顿大街的家中拜访时开始的。观众一下子有了四位：我们各自的母亲、我，还有她那位躺在病床上的姐姐。演出是从她扮演售票员就开始了的。她把卧室和客厅的门都打开,然后在两个门之间蹲着,头上包着一块头巾,她涂写了一些纸条,纸条上面写的是票价,头等座两个芬尼,二等座一个芬尼。

票面价格还分两种,其实这完全没有必要。因为她那病怏怏的姐姐只能在床上躺着,剩下的观众就只有三个了,大家落座后谁都不会挡着谁的视线。但是小海尔迪认为秩序是一定要遵守的,她现在是一位座位引导员,她把只付了一个芬尼的人毫不留情地打发到了第二排。这回为了扮演引座员,她把头上的头巾摘掉了,换成一根白色的发带,系成蝴蝶结绑在头发上。

不久,演出正式开始了。全体演员都由艺术家海尔迪·冈斯一个人组成。这一点儿都没关系。她能胜任所有角色。她扮演着老人、孩子、英雄、女巫、仙女、杀人犯或者可爱的女精灵,她在完全开放的舞台上走来走去、更换戏服,她唱、她蹦、她跳舞、她笑、她喊叫、她哭泣,连客厅仿佛都震动了起来。入场券的票价真的很超值!我们花了这么点钱看了一场如此卖力的演出,真的一点儿也不贵。这时,从敞开着门的卧室里面也传来了一阵阵咳嗽声和嘶哑的笑声,那是那位虚弱的病号姐姐发出来的。

冈斯夫人的丈夫,也就是这位小艺术家海尔迪·冈斯的父亲,自己本身就是一位艺术家,他管理着两个剧场。一个是德累斯顿人民剧院,另一个则是大自然剧院,是位于森林里一处空地上的露天剧场,剧场的周围围着一圈木栅栏。在这里,每个星期有三个下午有演出。观众们坐在围着舞台的半圆形的简陋木长条椅上津津有味地欣赏童话剧、简单但是有趣味的民间戏剧、滑稽剧。蚂蚁顺着长筒袜爬到大腿上也毫无知觉。观众的欢呼声有时都能将松针震掉下来,场外还有一些不付钱的观众,把鼻子挤到木栅栏缝隙中,不想错过一点儿剧情。炽热的太阳挂在天上,观众对此竟然毫无感觉,艺术的力量真是无穷。

有时候,天上会突然飘来一朵乌云,我们有些担心,不时地抬头看看。有时候,会传来滚滚的雷声,台上的演员们便有意提高自己的嗓音,仿佛要和雷声比较个高低。有时候,一道道闪电会把乌云撕碎,一场大雨倾盆而下,噼里啪啦到处响个不停。观众们四散而逃,演员们也抱着戏服躲到安全的地方。自然的力量战胜了艺术。

　　我们头上顶着外套，躲到茂密的大树下面站着，大树也被风暴压弯了枝头。我挤到母亲的身边，想问问戏剧大概会是什么结局。谁知道呢，大雨不但破坏了演出，还把我们淋成了落汤鸡。

　　另一处德累斯顿人民剧院位于卫兵巷，是一个非常气派的剧场，有一个庄严明亮的演出大厅。这里也是我们常常光顾的地方。这里经常上演一些正式的戏剧。那位小艺术家海尔迪第一次正式演出也是在这里！她当时是演一部经改编了的童话作品《小矮人的长鼻子》，她在里面担任主角。她驼着背，头戴一顶红色的假发，脸上粘着一个巨大的假鼻子，捏着假嗓子，成功扮演了一位热情活泼的小矮人，倾倒了无数的观众，我和母亲也被海尔迪·冈斯的演出深深感染并为之陶醉了！但是她的母亲冈斯夫人，竟然在一边沉默着。

　　正是因为这场成功的演出，我的朋友海尔迪迎来了她的胜利。她成了一名职业的儿童演员。后来她还去歌唱专业班学习，成为一名女高音。她自己觉得海尔迪·冈斯这个名字不太适合一名歌唱家，所以她将自己改名为伊哥儿·梵。为什么后来她并没有多少名气，我也不知道。生活自有它自己的想法，并不能处处尽如人意。

　　不久，德累斯顿人民剧院几乎成了我的第二个家。父亲不得不经常独自一个人在家吃晚饭，因为我和母亲都待在剧院里如痴如醉。我们总是买站票，因为这样便宜不少。我们的晚饭就在戏剧中场休息的时候解决，我们到楼梯的转角处，打开用纸包着的小圆面包夹火腿肉，很快就解决了晚餐，吃完母亲把包面包的纸弄平整后再仔细地折叠起来放进她的那只棕色手袋中。

　　我们还常常光顾阿尔贝特剧院、演员之家和歌剧院。我们常常在街上等一个多钟头，等售票窗口开了之后去抢最便宜的票。如果没有抢到便宜票，我们就会垂头丧气地回家，就好像是打了一场败仗。当然，我们失败的次数并不是很多，凭借着耐性和灵活，最便宜的站票我们总能搞到手。我们甚至能一字不漏地把《福斯特》或者理查德·瓦格纳的歌剧背出来。只是有一次，母亲在看一名著名歌唱家演出的时候晕倒了，因为那天晚上的气温实在是太高了。后来我们就买一张坐票,但是是在最后一排。有时我们甚至买两张最后一排的坐票,但是因为距离太远,总是听不太清楚。

　　我对戏剧的喜爱从小就开始了,并且这种喜爱一直保持到现在。有时我也会写一些戏剧评论,偶尔也会写一出剧本。也许别人觉得我在这方面的尝试,结果不怎么样,但是有一点不可否认:作为一名好观众,倒是没有谁能够超过我。

●●● 第九章　生活里的一些事儿

　　我上学的第一个年头就那么平静地令人愉快地过去了。

　　布莱姆瑟先生对我们的表现还比较满意,并没有对我们发过很多次火。我们对他也很满意。在复活节之前,我们的成绩被隆重地宣读出来,家长陪同在孩子身边,一起分享着快乐。我们在台上唱着儿歌或朗诵课本上的诗篇,当时,我还得到了一个特别的机会,在集体诗歌朗诵中担任重要角色。当我穿着统一定制的服装走到舞台中央站立时,一旁的家长们赞许地点着头,有的还低声跟旁边的家长交流:“那个小家伙看上去还真像样呢!”这时,凯斯特纳夫人坐在台下的座位上,自豪地直直地挺着腰杆。她在对面向我暗示,不要怯场不要紧张,她担心我会因为紧张而忘词。没错,母亲总是对的,这一次,我表现得很出色。至于我的成绩,总是很优秀。在回家的路上,我们去了那家帕瑟瓦甜点店,享用了蜂蜜甜面包、沙沙响蛋糕和热巧克力。(你们知道,什么叫沙沙响蛋糕吗? 不知道? 哈哈,你们这些可怜的家伙!)

　　如果将来想成为一名教师,那就得提前做好各项打算。首先必须从钱上考虑。教师进修课要花钱,出去实习要花钱,注册需要花钱,专业课需要花钱,还有好多我们预计不到的花费,就光光列出来的这些项目至少需要 800 马克,这可是不小的一笔钱!

　　我的父亲很长一段时间以来,在周末晚上,在家里为邻居或者亲戚们加工一些皮制品,比如皮包、背包、皮靴、钱夹和公文包,等等。他对手工皮制品的痴迷为他招来了一些顾客。他坐在厨房的窗户边,嘴里叼着一根烟。在鞋匠矮凳旁不知疲倦地忙来忙去,用那些针、销钉、砂纸、树脂麻线等给皮制品打蜡、缝制,或者拿着锤子敲打、用刀具割、用折尺测量,身旁的炉子上面,面条汤被端到了一边,一锅胶水在火上煮着。你们知道,胶水在锅里煮会散发出什么样的味道吗?而且还是在厨房里煮?对一名皮革匠或者裱糊匠来说,也许这味道闻起来像玫瑰花一样美妙,但是对于一名妇人,一名在厨房里准备午餐的妇人来说,这气味简直太让人受不了了,闻起来就像是上千个不洗澡的魔鬼身上散发出来的恶臭。那锅面条汤和用牛肉、白扁豆、小扁豆做出来的饭菜闻起来像胶水,吃起来味道也像胶水。母亲受不了了,她要马上停止这一切。

于是父亲就被从厨房的天堂里驱逐出去了。他被流放到了地下室。从此之后,父亲每天晚上坐在地下室隔板的后面,穿着羊毛衫和厚毛毡拖鞋,在一堆堆煤球和土豆的旁边,快乐地加工皮制品。这里成了他的私人工作间。工作间里充满了呛人的雪茄烟味,在这里,父亲用一只酒精炉来熬那锅胶水,胶水在锅里不断地冒着白泡,散发着一阵阵怪味,不过,再也没人抗议了。

我父亲在 70 岁高龄的时候,还曾兴致勃勃地完成了一件了不起的作品,他制作了一匹栩栩如生的和真马一样大小的马。那匹马的眼睛是用玻璃珠子做的,但是鬃毛和马尾巴都是真的,还配了精致讲究的马笼头和马鞍。当这匹大马完成的时候,附近的居民都围过来观看,他们吃惊地张大了嘴巴,觉得这件作品如此生动逼真、如此了不起。在马背前脊隆起的部分,有一个可以操纵的机关,藏在马鞍下,这个机关用齿轮传动装置和链接部件与各条马腿相连,让它可以像真马一样动起来。我父亲很为这件作品感到骄傲,所以他想带马去参加狂欢节的花车巡行表演。可惜最终没能如愿。因为父亲的老朋友,就是隐藏在马身子下面操纵马动作的人,也七十多岁高龄了,碰巧得了重感冒。就这样,这个完美的计划泡汤了。我父亲感到非常遗憾,但是严重失望的情绪没有

让他遭受过大的打击,他最后控制住了。是的,我父亲一辈子都在忍耐中度过,很少有让他失态的时候。他不但是一位手工艺家,也是一位总能保持住微笑的专家。无论遇到什么事,他总能微笑着,保持着耐性去解决所有问题。

当我是个小男孩的时候,我的父亲从没做过像真马大小的假马,那时,除了挣钱,他不想别的。他想尽可能多赚些钱,把我培养成一名教师。他不停地工作啊工作,可惜赚来的钱总是不尽如人意。

所以,我的母亲决定,要出去学习一门手艺,然后找个工作来补贴家用。母亲一旦做出一项决定,十匹马都拉不回来。这个决定有些冒险,因为当时要学门手艺,就年龄来说,我母亲已经35岁,实在是有些偏大了。但她做出了决定,然后毫不犹豫地去践行了。一个人的能力大小不取决于他所处的环境和生活范围的大小,这是生活教会我们的道理,在学校,我们学不到这个。

我母亲不管她的年龄,想去当一名学生,她想学习理发和美发,然后自己成为一名美发师。她并不想在将来开一家专业发廊,因为那样太贵了。她想先把手艺学会,取得从业资格后自己在家中从事美发、烫发、洗发和瑞典式头部按摩等工作。她找到美容美发协会的会长,跟他说了她的想法。美发协会的会长给了她很多的建议。他为她推荐了一位在女人美发方面很有造诣并享有声誉的美发师。他是舒伯特先生,在史特恩勒大街上开了一家美容美发店。我母亲从舒伯特先生那里,用自己的才干和火一般的热情,很快将各种美容美发技术学到了手。她每天都在美发店里学习到很晚,直到店关门了以后才带着满足和一身的疲惫回到家里。

那时候我要一个人度过很多时间。中午,我在学校的公众食堂花上50芬尼解决自己的午餐,食堂里吃的是自助餐,不提供餐具,所以我必须把刀叉勺放在书包里带到学校。吃完午饭回到家,我就像是操持整个家的女主人一样,做完作业后拿着妈妈的钥匙串,到地下室去搬些木头或煤饼上来,把煤饼添加到炉膛里,为房客保罗·叔里希先生煮饭、烧水。当叔里希先生回到家,我要为他煮杯咖啡端过去。当他躺在绿沙发上午睡的时候,我就悄悄下楼,到后院里玩一会儿。当叔里希先生起来后,我回到厨房里去冲洗土豆,给土豆削皮,有的时候我会不小心把手割个小口子。然后或者我去读书,或者打一会儿盹。

有时候我步行穿过整个城市,到母亲学手艺的舒伯特先生的店里去,接母亲一起回家。如果到得比较早,我会站在一边观看。母亲手中拿了一根流行的烫发钳,烧热了之后先在一张薄绵纸上检测一下温度,然后夹到顾客的长头发上面。那时候女人们都留着一头很长的长发,甚至有的女人头发长到膝盖下面。店里弥漫着香水和桦木汁洗发水的气味,女顾客站在镜子前面,目不转睛地审视着自己一头新烫的波浪花,或者用手托一托那些蓬松光亮打了发蜡的发卷,左看看右看看,对我母亲灵巧的手和娴熟的技术非常满意。有时候,身穿白袍罩衣的舒伯特先生,会站在我母亲身旁指点一二,或者表示他的赞许。随着时间的推移,舒伯特先生的赞许越来越多了。

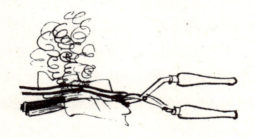

最后,舒伯特先生通知美容美发协会,在他那里学习的学生可以毕业了,她已经掌握了行业要求的所有技艺并形成了自己的品位特色,具备了从业资格。作为一名获得本行业金质奖章和银质奖章的专家,他建议授予他的学生从业合格证书。自此,这位来自奥古斯丁家族的伊达·阿玛里娅·凯斯特纳夫人,取得了美容美发行业资格认定书,正式具有了从事美发事业的资格。那天晚上,我从艾克·约旦大街上的斯伯里奥特饭店拎回两升啤酒,大家在一起好好庆祝了一番。

要在家里收拾出一个地方供母亲来经营美发生意,确实有些困难。家里就那么点大的地方。不过,我们终于在卧室的前四分之一角落的地方收拾出一小块空地,在墙上布置了一面镜子和一盏灯、一个挂墙脸盆架,还安装了吹风机和烫发钳的电源接口。最终,我们放弃了安装热水装置,因为这套装备太贵了。

洗头发所用的热水就放到厨房的炉子上烧,然后我用大水罐运过来。小时候,我帮母亲从厨房往卧室拎过上千罐热水。

　　梳子、发刷、擦头发的大大小小毛巾、液体皂、洗发水、发蜡、卷发棒、发卷筒、发网、发垫、头部按摩用的油脂,这么多的美发用品用具都需要购买齐全。美发店的名片也都分发妥当,我们楼前的大门上也挂出了一个陶瓷做的招牌。美发和头部按摩的预订卡也都印刷完毕,哎呀,开业还真不容易,有这么多的事情要准备!

　　几天后,玛尔塔姨妈来家里尝试母亲的手艺了。母亲的这位最大的妹妹把她的头交给姐姐打理了。母亲给她做了头部按摩、烫了发卷并做了造型,使她看上去一下子年轻了好几岁。玛尔塔姨妈和母亲都很兴奋很开心,两个人抱在一起哈哈大笑。首次开业必须要经过一次彩排才行,这样接下来才会顺顺当当。这次的彩排很成功,接下来,真正的顾客上门了。

　　面包房女师傅威尔丝太太和策舍儿太太、肉食店女师傅肯斯林太太、蔬菜店女店员克莱彻太太、水管工的太太、自行车行的老板太太、木工的太太、花店老板的太太、卫生用品店老板的太太、纸制品商店老板的太太、裁缝师傅格劳斯海尼西的太太、小百货店主库讷先生的太太、饭店老板的太太、照相馆老板的太太、药房老板的太太、酒精类饮料店老板的太太、煤店老板的太太、洗衣店老板保罗的太太、牛奶店女老板和她的女儿、服装分店的女主管,还有很多女售货员们,她们都前脚赶着后脚拥来了。她们纷纷赶来的原因有几个:一是因为想要保持外形上的体面;二是因为我们这个地区及附近女性发型师很少;三是因为我们也跟她们打过交道,在她们那里买过东西;四是因为我母亲手艺不错、价格公道。

母亲忙得不可开交，两只手根本不够用。美发生意十分兴旺。我常常要跑去厨房看看，炉子上的午饭是否烧煳了。"埃里希，你自己先吃！"她边忙活边对我喊。但是我总愿意等她一起吃。我把火焰调小，又用勺子往锅里添几勺水，再把平底煎锅放在炉子上预备着，用桌布把餐桌布置好，然后在一边看书，直到听到母亲一边和顾客说着话一边往走廊里走，最后关上了房子大门的声音。

这位备受顾客肯定的女美发师，有时候会被邀请到其他地方工作。这时候母亲就会将所有美发工具打包，把酒精炉也塞到皮包里带上，迈着急匆匆的步子赶往约定的地点。这些地方往往在很远的地方，有时候甚至要穿越整个城市，带着这么多东西匆匆赶路非常辛苦，但是这种工作对我母亲来说很重要，因为一次往往能一下子赚到十几或二十几个顾客的钱，这是一笔不小的收入，对我们家庭来说非常重要。这种情况通常是被邀请到一场聚会或庆典上服务。在我母亲的顾客当中，有珠光宝气的夫人们，也有贫穷可怜的逐门逐户兜售小商品的小摊贩。我清楚地记得，有那么一位女士，给我留下了非常深刻的印象。

她叫娅尼希小姐。在图纳阿路，一所小酒吧后面有一间又小又简陋的房子，她就住在那儿。她是一位非常可怜的女士，手脚都有残疾，不，应该说整个身子都有残疾。她的胳膊、腿与身子整个都是扭曲变形了的。没有人照顾这个可怜的人，她得养活自己。她无法正常行走，身子向一边歪得厉害，两只手分别挂着两根长短不一的拐杖，身上背着一个背篓，里面放满了各种针头线脑等小商品，步履蹒跚地在通往郊区农村的路上走着。在每户农舍的门上敲，兜售那些小玩意：纽扣、布带子、别针、花边、鞋带、围裙、磨刀石、打火机、轴线团、毛线球、钩针、小刀、铅笔和其他种种。正是因为她外表看起来有些可怕，所以她特别想把自己的发型收拾得漂亮些。

清晨六点钟，母亲就得匆匆离开家门赶去娅尼希小姐家，我常常陪着她一起去。因为那间散发着霉味的小屋子和那位看上去非常可怜的人让人看了心里会很难过，我希望母亲有了我的陪伴，能感觉好一些。半个小时后，我和母亲帮她把背篓上的两根宽皮带挎到肩膀上，然后就各自出门了。她挂着两根不一样长的拐杖，弓着腰，一歪一斜地向新城火车站方向挪动，速度极慢。别人一分钟的路程她需要走十分钟。到了新城火车站，那里有通往农村的郊区班车，下了火车，再沿着铁路路堤走上一会儿，就会来到有农舍的地方。

对我母亲来说，接到一场婚礼的发型工作邀请非常重要。在新娘父母家里，她一个人要忙活十几位女性的发型：新娘、新娘母亲、伴娘、新娘的婆婆、新娘姐妹、新娘的闺蜜们以及姨妈们、奶奶、外婆、大姑子等。新娘的发型更要花上好多时间摆弄。屋子不大，到处挤满了人，场面乱糟糟的。男人们喝着甜酒，厨房里烘烤着奶酪蛋糕。送婚礼礼服的女裁缝来得有些迟，新郎来早了，新娘还没打扮好，她嘴里还在喋喋不休地发牢骚。母亲把刚送来的白色网眼头纱用小夹子别到刚做好的新娘的发型上，头纱太长，她又取了把剪刀铰掉半米。新娘的父亲在骂人，他又找不到那只装有袖扣的小匣子了。屋子里的那些穿着塔夫绸或者丝质衣裙的女士们，一会儿这边叫"凯斯特纳夫人"，一会儿那边叫"凯斯特纳夫人"，母亲忙得焦头烂额。

婚礼马车在房子前停了下来，新郎和伴郎手里拿着瓶啤酒走下了楼，把啤酒递给马车夫喝，让他耐心等候。其实没有多少时间好等了，因为教堂里的牧师站在婚礼的圣坛后面等不了那么久！今天不但是米勒先生结婚，下面还有舒尔茨先生、迈恩先生、格鲁德曼先生等着他主持婚礼。天哪！手捧花和装满花瓣的花童篮子放到哪里去了？那几个花童跑到哪里去了？当然是在厨房里。天哪！怎么弄得到处都是巧克力污渍，装去污液的瓶子哪里去了？那个圆柱形的箱子哪里去了？新娘胸前要佩戴的爱神木花束放到哪里了？赞美诗集放哪里了？

一阵混乱后，新娘家的房门终于关上了。马车终于启动向着教堂的方向驶去了。屋子里终于空下来了，基本上全空了！一位女邻居留了下来，她答应过来帮忙的，她留意着炉子上的煎肉是否烤煳，然后开始去布置那些婚礼餐桌、餐椅。她把漂亮的丝绸桌布铺在上面，摆上著名的迈森陶瓷花瓶，瓶上布满了好看的洋葱花图案，里面插着一束清香扑鼻的鲜花，还摆上了阿尔帕卡银质餐具和彩色的意大利罗马水晶玻璃高脚酒杯。

我母亲在厨房的桌子边坐着，喝杯咖啡稍作休整。脚站得很酸了，手也很

疼。她尝了尝蛋糕,觉得还不错,切了一块包起来放进包里带回家给我吃。接着她把所有的工具收起来,放进大皮包里,清点了一下报酬和小费。身上的每一块骨头仿佛都在疼,头也嗡嗡响个不停,还好,这次到底是从这场婚礼里赚取了不少,这下,足够下一次的钢琴课费用了。我是在库兹哈尔兹小姐那里学钢琴的。

库兹哈尔兹小姐和她的父母住在一起。她家的房子和我们家住的很像,她住在二楼。她对我在弹钢琴上的表现非常不满意。可是她怎么会知道,我根本没有多少机会练钢琴。那架昂贵的用镀金花纹装饰的钢琴是放在教师叔里希的房间的。当他在学校里的时候,我也在学校里;当我在家的时候,大部分时间他也在家里。我哪里有时间去练习钢琴啊?不管怎么样,我一定要把那门用黑白键就可以弹奏出许多美妙音乐的神奇的技术掌握好,因为我也想成为一名教师。

唯一可以给自己带来些许安慰是,保罗·叔里希的钢琴弹得也不怎么样,即使是这样,他不也成了一名教师了吗?

●●● 第十章　两次印象深刻的婚礼

有一个相当特别的婚礼，给我留下了深刻的印象，让我一辈子也忘不掉。到底有多特别——特别到这场婚礼根本没有成功举行过。不是因为新郎在圣坛上对牧师说了"不愿意"，也不是新郎从教堂逃走了，而是因为，根本上就不存在新郎这个人！现在我慢慢地从头至尾讲给大家听。

一天，我们家来了一位老小姐，名字叫史特兰帕尔，她说她将于星期六晚上在圣帕乌里教堂举行婚礼，请我母亲在早上八点准时赶到奥派尔大街 27 号，二楼左手边那家，到时候有十位女士的头发需要我母亲打理。婚礼所用的马车和五辆小汽车都已预定好，婚礼所用酒水和食品是从巴勒维宾馆预定的，到时候会有一个巨大的冰冻布丁圆蛋糕作为饭后甜点，还会有几位穿着燕尾服的服务生现场为客人服务。史特兰帕尔小姐兴致勃勃地和我母亲谈了她的婚礼安排，我和母亲衷心地向她表示祝贺。当她转身出去的时候，我和母亲高兴极了。当然，这高兴得有些太早了。

星期六中午放学后我从学校回到家里，看到母亲一个人坐在厨房里，眼睛哭肿了，一副沮丧消沉的样子。她今天早上八点准时赶到了奥派尔大街 27 号的二楼左手边那户人家，她用手敲了敲门，门开了，房主听了我母亲的话之后，非常震惊和生气，因为这里根本没有住着史特兰帕尔小姐这么一个人，这里也没有人今天要在圣帕乌里教堂结婚！

难道母亲记错了地址或者房间号？她急忙到附近的商店里去打听，到附近邻居家里打听，她几乎把附近所有门的门铃都摁了一遍，没有人认识什么史特兰帕尔小姐。也没有人预约了做头发，更没有人要在今天举行婚礼。

现在我和母亲坐在厨房里，沉默不语。我们想不通是怎么一回事。终于我们意识到，是被骗了。但是那个人为什么要欺骗我们呢？为什么要这样？这样会伤害到我母亲啊！这样做对她自己又有什么好处呢？她的目的到底是什么呢？

几个星期过后，我突然又见到了这个女人！当时我和肯斯林·古斯塔夫从学校里出来，她从我俩的身边走了过去，没有认出我来。她一副很匆忙的样子。我赶紧把书包从背上取下来交给我的朋友，压低声音跟他交代："把书包带到家交给我妈妈，告诉她今天我晚点回家。"说完我就跑开了。古斯塔夫在后面呆望着，耸了耸肩膀，然后乖乖地走到凯斯特纳家。"埃里希说他今天晚一点回家。"他向我母亲转达。"为什么？"母亲问。"不知道。"古斯塔夫说。

这时候我一直在跟踪，在做侦探的活儿。为什么那位史特兰帕尔小姐，或者根本不是叫什么史特兰帕尔，最终没有认出我来？其实很简单。我没有乔装打扮，没有在自己的嘴巴上粘上两撇假胡子，在这么短的时间里，我从哪里去搞来假胡子？我只是悄悄地跟在她后面，不让她察觉到后面跟着一个人就行了。这并不是轻易就能做到的，那位史特兰帕尔小姐，或者应该叫假史特兰帕尔小姐的腿很长，而且她走得很急，我跟得很困难，又不能跑起来，那样会发出声音。

穿过阿尔贝特广场、主街、新城市大市场、奥古斯特大桥、皇宫广场、乔尔艮大门、宫廷大街，还在继续往前，好像她要去的地方没有尽头。但是突然，好像到了终点，那人向左转入了老市场，然后消失在史莱森格·考尔精致女装成衣店的两扇对开的玻璃门里面了。我的心提了起来，继续跟着她进入店内。接下来会怎样，我也不知道。店里的导购员、部门经理和女售货员都盯着我，我觉得十分难堪。但是该怎么办呢？那个女人从楼下底层大厅里的女士上装部横穿过去，我也跟了过去。她往楼梯上走，经过一楼的女士演出服装部，继续往二楼走。二楼是泳装部和少女服装部，她走到靠墙的一面大镜子前，把镜子推到一边，然后走进去消失了！那面镜子在她消失后又自动回到了原来的位置。这简直就像是"一千零一夜"！

我呆呆地站在柜台、镜子、试衣间、衣服架和几个无所事事的女售货员之间,不知道接下来该怎么办。现在是中午,人们都在家中,店里没有顾客,女售货员们也没有事情可干,她们都盯着我看,还吃吃地笑着。我感到非常尴尬。这时,一位女售货员走到我面前说:"为您拿来一件短袖小海军服穿上试试吧?我们这里有很多款式,您可以有很多选择,请跟我到试衣间让我为您服务好吗?"其他的女售货员都忍不住嘻嘻笑了起来,又赶紧用手捂上嘴巴,不至于笑得太大声。

这些蠢女人!为什么假史特兰帕尔小姐会在镜子后面消失了呢?她现在在哪里呢?我接下来怎么办呢?我站在那里,心急如焚。

这时候,那个可恶的女售货员拿来一件彩色的衣服,用手拎着衣服架子放在我下巴下面比试着衣服大小,她使劲地闭着嘴巴,防止扑哧一声笑出来。"哦,看哪,这件衣服裁剪得多棒,您穿上一定非常合适非常漂亮!"她用夸张的语气说。旁边的女售货员们笑得喘不过气来。我的脸变得通红,恼怒极了。这时候出现了一位上了年纪的女士,屋子里顿时安静下来。"你们在这里干什么?"她严肃地问。想不到什么别的更好的回答,我只好说:"我来找妈妈。""我们当中没有你的妈妈!"一位女售货员大声回了句。其他人忍不住又哄堂大笑了起来,那位老女士在一旁站着气歪了脸。

　　就在这时,墙上的镜子往一边挪开了,假史特兰帕尔小姐从里面走了出来。她已经把帽子和外套都脱掉了,她一边往外走一边用手拢着头发。"祝各位午餐好胃口!"说着,她走到了柜台的后面。天哪!我终于知道了,她原来是这家史莱森格·考尔女装店的售货小姐!我赶紧往楼梯上走,我要找这家店的经理,我要和他好好谈谈,这将是一场在男人之间进行的谈话!

　　服装店的经理听完我的讲述之后,低头沉思了一小会儿,然后他让我等一下,自己去了二楼,五分钟后,带着假史特兰帕尔小姐走了进来。这时,她头上戴着帽子,身上穿着外套。她的目光越过我的头顶一直往玻璃窗外看。"好好听着,"经理对我说:"尼策舍小姐现在跟你一起回家,她将会向你的母亲道歉,并且以分期付款的方式赔偿给你们带来的损失。这是一张纸条,上面写着尼策舍小姐的住址,你把这张纸条交给你母亲,假如她不及时交出赔偿金,你们可以任何时候到这个地方去找她索要!好吧,再见。"

　　商店的玻璃门打开后又自动地关上了。那位叫尼策舍的假史特兰帕尔小姐和我一起走了出来,站到了老市场上面。她看都不看我一眼,接着往宫廷大街那里走,我紧跟着她。她走得飞快,我努力地去追,步步紧逼,唯恐她跑掉,就像是那些腰上佩着枪的士兵押解罪犯一样。我既感到骄傲又有些羞愧,两种感觉同时存在,没错,当时的感觉确实是这样。

　　宫廷大街、皇宫广场、奥古斯特大桥、新城市大市场、主街、阿尔贝特广场、国王桥大街,她就这么一路笔直飞快地走着,我跟在她后面,一直保持着五步以内的距离。到了我家楼下,她登上台阶,然后靠到门边的墙上。我伸手摁了三次门铃。母亲冲到了门口,她着急地大喊:"现在我想知道,你到哪里去了?为什么这么晚……"她看到了我不是一个人回来,旁边还站着那位假史特兰帕尔小姐。"请进来吧,史特兰帕尔小姐。"她说。"是尼策舍小姐!"我更正道。

　　她们达成了一致。尼策舍小姐将以分期付款的方式在三个月内把给我母亲造成的损失还清。她把我母亲写给她的字据收起来放到手袋里,面无表情地转身出去了。虽然她的行为让人难以原谅,但是她也为自己的荒唐行为付出了惨痛的代价。一个接着一个,那些遭受损失的商家都来找她提出了赔偿的要求。

宾馆、酒水供应商、婚礼马车提供商、花店、礼服店，等等。这些赔偿是一笔很大的开支，也都将以分期付款的方式支付掉。

　　幸运的是，尼策舍小姐还没有丢掉她的那份工作。她是一位非常能干的售货员。服装店的经理还知道一些关于她的我所不知道的事情。她是一位逐渐老去的老姑娘，找不到一位自己可以托付终身的人。她整天都在梦想着，有一天自己也可以穿上美丽的新娘礼服，在教堂里举行一场梦幻般的婚礼。她不想这么一直等下去，等到自己容颜老去，所以她做了一个梦，一个徒然的毫无结果的梦，一个非常昂贵的梦。梦碎了，她醒了，不得不面对现实，付出沉重的代价。有的时候，我还会在街道上遇到她，不过我们彼此都装作视而不见的样子，也许我们双方都有对的和不对的地方，当然，我肯定是要好一些，她要为她的荒唐梦付出代价，而我，只不过是个小男孩。

　　另外一场婚礼，我所不能忘记的，曾给我们带来过更多的痛苦。这一次的婚礼，不是一个破碎的美梦，也不是没有新郎，也不是新郎在婚礼上逃走了。在这一次婚礼中，新娘父母的房子和教堂位于尼德珀里兹，在艾尔博塔以外很远的地方。那里的冬天，尤其是在圣诞节和新年期间，非常苦寒、冰冷、无情。

　　我在旅馆里等着母亲。我一会儿坐着，一会儿吃点东西，一会儿看看书，时间过得很漫长。烤炉里的火焰跳动着，周围的空气暖暖的。窗外是一片灰白的寒冷世界，北风呼啸着，像一个喝醉的庄稼汉，跟跟跄跄地从空旷的原野上扫过，结了冰碴的陈雪被寒风裹挟着从一边吹到另一边，或像灰尘一样被卷到空中，四下飞散。它号叫着疯狂地撞击着窗户上的玻璃，玻璃发出嗡嗡嗡的噪音。有时，朝窗外望去，我禁不住想："这一定是在西伯利亚了！"当然，这里不是西伯利亚，只是德累斯顿下面的尼德珀里兹罢了。

　　五个小时后，母亲回来了，看上去筋疲力尽。她实在是太忙了，连一点休息的工夫都没有。现在她想尽快地回到家好好休息一下，否则就要撑不住了。我们立即上路了，外面冰天雪地，天地间一片灰白，根本看不见路。天色已晚，什么都看不清，我们好几次陷到雪堆里。凛冽的寒风从四面八方吹过来，刀子一样割着我们的脸，我们跟跄着，一路互相搀扶着，手冻僵了，脚也像木头一样，鼻子和耳朵像石灰一样白。

　　当我们快要赶到汽车站台时，一辆有轨电车恰好开了过来，我们赶紧一边大声呼喊一边使劲挥舞着手，如果赶不上，下班车要在20分钟以后才能开来。还好，我们赶上了车，坐在车厢里，一句话也没力气说，就这样沉默地坐着。车里没有暖气，冷得我们上下牙齿直打战。回到家后，母亲在床上躺着，一直躺了两个月。她无法下床行走，两条腿的膝盖疼痛不已，家庭医生顾问兹莫曼先生说母亲得了关节黏液囊炎，需要用药物和热敷治疗。

　　接下来我成了母亲的护士。我老是不小心烫伤自己的手，就把土豆淀粉涂在伤口上减轻痛苦。每天中午放学回家，我要准备午饭，我会炒鸡蛋、做德式生煎牛肉块、香煎土豆饼、面条蔬菜牛肉汤、煮扁豆配小肠，甚至我还会做香煎牛排配芥末葡萄酱汁。我像一个侍者，骄傲地挺直身板，把烧煳了的或盐放多了或烤焦了的食品放在盘子上端到母亲的床前。到了晚上，我还要把保罗·叔里希先生的冷餐准备好。我把餐桌铺上桌布，摆上餐具，盘子里放上面包和火腿肉片及香肠。有时，我会悄悄地切下一小块香肠自己吃掉。

　　我们的晚餐是拿着一只大锅从附近的食堂里打回来的。当父亲从皮箱工厂下班回到家时，我再把锅拿到炉子上加热，吃完晚饭，我们在厨房里洗餐具，保罗·叔里希先生会在一边帮着用布把餐具擦干。盘子杯子碰来碰去，丁零当啷响个不停，母亲在床上听了只能无奈地耸耸肩。

　　有时，我们甚至去洗衣服，洗完后再晾到绳子上去。我们把绳子从厨房中间横穿过去，上面晾着不少湿漉漉的上衣、手绢、衬衫、床单和睡裤。有时我们像印第安人追踪敌人一样，猫着身子从衣服下面钻来钻去，每过一刻钟，就会捏捏这件，捏捏那件，看看是否晾干了，当然，这都是在瞎忙活，衣服哪里能干得那么快。有时，我们得趴下来用抹布把滴落到地毡上的水渍擦干。

　　这就是一种乱七八糟的单身汉生活。母亲在床上有些躺不下去了，因为我们的原因，她不顾腿上的痛苦，要继续工作了。首先，她担心那些餐具；其次，她担心我会被饿死；第三，她担心她会失去她的顾客们。其实，她完全不用担心第三条，因为在我们附近或周围的地区，她是第一位也是唯一一位妇女美发师。

她有些太着急了。

　　家庭医生顾问兹莫曼先生强调，病人还没有康复，还需要卧床休息。女病人却坚持说她完全好了，一点儿也不疼了。谁是对的，谁是错的，不言而喻。女病人咬着牙齿站了起来，勇敢地往前走，用不引人注意的方式悄悄地把手支撑在家具边上，她以胜利的姿势宣称，自己康复了，可以开始工作了。我顺着街道一路小跑过去，把这快乐的消息传递给各家各户，告诉他们，我们家的美发店恢复营业了。生活回到了原来的轨道，日子又正常地过下去了。

●●● 第十一章 一个孩子的苦闷

世界上有很多聪明的人,他们对某些事物的判断往往是很准确的。比如说,他们认为,孩子一定要有兄弟姐妹,否则这个孩子在孤单中长大,容易受到父母的娇惯,吃不了苦,而且,长大后容易形成一种孤僻的性格,这对孩子的未来非常不利。我不知道他们这么认为是否有道理,但就我而言,事实却不是这个样子。当然,每个孩子不一样,就某个道理来说,适用于孩子 A,不一定适用于孩子 B。

我是父母唯一的孩子,我对这些观点有着自己的真切体会。我没有被父母娇惯坏,也没有感到自己孤独。我有自己亲密无间的朋友,还有哪个兄弟能像我和肯斯林·古斯塔夫一样亲密吗? 还有哪个姐妹能像我和表姐朵拉一样无话不说吗? 人可以挑选自己的朋友,却无法挑选自己的兄弟姐妹。如果一个人发现朋友并不适合自己,他可以选择分手,分手也许会带来痛苦,但总比麻木地在一起要好。当然,如果出现裂痕,也可以试着先着手弥补、修复,实在不行了再分开。

如果是和兄弟姐妹有了矛盾,却不能这样做。人无法挑选自己的兄弟姐妹。他们是自然而然地和你联系到一起的,你们名字上有共同的姓氏,改也改不掉。兄弟姐妹不是商品,如果不合适,退也退不掉。如果运气好,兄弟姐妹们可以成为朋友,但更多的情况是,仅仅是兄弟姐妹。甚至有的时候,兄弟姐妹会变成敌人。生活中或者小说中关于这方面的故事已经演绎了很多很多,有轻松欢喜的,有感人的,但是也有悲伤的甚至可怕的,我听到过一些,也从书里看到过一些。但是我从未对此发表过自己的看法,因为我没有兄弟姐妹。对于独生子的看法,我一直保留着自己的意见。

每年我只有那么一次,热烈地盼望自己能有个兄弟姐妹。那就是在圣诞前夜里!假如他愿意陪我度过圣诞前夜并且很乐意在第二天飞走的话,我愿意把所有好吃的节日食物都给他,甚至我最喜爱的烤鹅也给他,我只要啃点鹅杂就够了。我还愿意把我所有的圣诞礼物拿出来分一半给他,那些礼物真的是非常非常棒!

为什么我在每年的这个夜晚,一年之中对孩子来说最美丽、最喜爱的这个夜晚,突然不想当独生子了,想拥有一个兄弟姐妹呢?因为我有些害怕。我害怕在这个夜晚会发生一些不愉快的事情。我有些担心,在你们面前,不能很好地把这个事情说清楚。这确实有些难以表达,我也思考过,是否放弃这段,避开不讲算了。但是最终我决定还是要讲,我一定要让你们明白我的苦恼。

我的父母都非常爱我,有的时候,他们甚至会因此而互相嫉妒。他们都把这种情绪隐藏起来,让人难以察觉到。但是在一年之中最美丽的那个夜晚,总是会露出些马脚,让人左右为难。为了我的缘故,他们尽量隐藏自己的情绪,我非常敏感,当然知道发生了什么。而为了我们三人之间的爱,我也尽量装作不知道的样子。

父亲在圣诞节前的一个多星期里,常常在地下室的工作间里一待就是大半夜——他在为心爱的儿子赶制圣诞礼物。比如一个仿真的马厩,他切割呀、缝呀、用胶水粘呀、用笔描画呀、上油漆呀,忙得不亦乐乎。一个漂亮的马厩渐渐在他的手下出现了。马厩里有几匹马,每匹马都套着一个又小又精致的马笼

头,马尾巴是用真马尾做的,马槽里还填满了干草料。马厩里面挂着煤油灯,煤油灯冒出来的黑烟也画出来了。父亲左看看右看看,一会儿再添个铰链,一会儿又添个马蹄铁或装燕麦的箱子。马厩的角落靠墙的地方还放了一把迷你的扫帚。

还有一次,父亲为我做了一辆运货的马车。马车上堆了好多啤酒桶。马车轮子的轮圈和轮辐都是铁做的,马车可以活动,还可以转圈。马车的轮轴和车杠都可以调整,套一匹马可以,同时套两三匹马也可以。马车上的啤酒桶、车夫的座位、赶车的鞭子和刹车系统都非常精致逼真。马车后面还有一架可以伸缩的梯子。这真是一件无可挑剔的作品,不,应该说是艺术品。

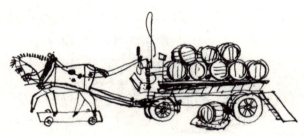

这样一件精致的礼物,都可以用双手高举着,单膝着地进献给王子陛下了。但是父亲不会把它献给王子,他要给他最亲爱的儿子留着。

在圣诞夜的前一周里,母亲每天都要花半天的时间去街上的各个商店里逛。她每年都要为我准备很多礼物,这些礼物在衣橱的角落里堆成了一大堆。轮滑鞋、积木、彩色铅笔、颜料盒、涂色本、哑铃、体操棒,以及在后院里玩耍用的皮球、溜冰鞋、音乐陀螺、登山鞋、挪威小雪橇、一个测量仪器盒——盒里衬着蓝色的天鹅绒,上面放着圆规等各种文具、一个商店模型玩具、一个里面放

有很多锡制士兵和其他各种仿真模型的充满魔力的箱子、带各种字符模的印刷模型玩具,还有教师保罗·叔里希和萨克森州教师教育协会推荐的各种儿童书籍。至于那些袜子、手帕、滑雪帽、体操训练裤、羊毛手套、毛衣、短袖水手衬衫、游泳裤、衬衫等各种日常生活必需品就更不用一一列举出来了。

这是一场父母之间进行的对孩子付出的爱的竞赛。这场竞赛持久而激烈。这是一场发生在我们三个家庭成员之间的闹剧,它在每年都会发生一次,就在那个美丽的圣诞前夜。这场闹剧的主角是一个小男孩,最后会以悲剧还是以喜剧结尾,完全取决于我的表现。直到今天,当我想起此事时,我的心还是会提到嗓子眼里。

我坐在厨房里等着,等着被喊到那间布置着闪烁动人的圣诞树的房间,挑选自己最喜爱的礼物。我给他们的圣诞礼物也已经准备妥当:我为父亲准备了一个木匣子,里面放了十根或者 25 根的雪茄;我给母亲准备了一条围巾,一张自己画的水彩画,或者,如果我还有 65 芬尼的话,我还会送她一份神秘的礼物,用从库纳斯纸制品店买来的彩纸漂亮地包装好送给她。到底是什么东西?那是一卷轴白丝线、一卷轴黑丝线、一盒大头针、一盒缝衣针、一卷白色的丝带、一卷黑色的丝带,还有一盒中等大小的黑色按扣。所有这些东西加起来只花了 65 芬尼! 这是我买东西最超值地记录了,我很为此感到自豪。如果不是还有其他担心的话,那就太完美了。

我站到了厨房的窗前,向外望去。到处都洋溢着欢乐的圣诞气氛,圣诞的烛光在每家每户闪亮着,街道上的积雪在灯光的照映下,也闪着隐隐的光。圣诞颂歌响起来了。身边的火炉里,木柴发出噼里啪啦的响声,但是我却感到一阵阵寒意。空气中弥漫着葡萄干蛋卷和香草糖、柠檬果脯混合的香气,但是我闻起来丝毫没有胃口。马上我就要摆出一副笑脸,我不能让别人看到我哭丧着脸的样子。

这时,传来了母亲的呼喊声:"现在你可以出来了!"我抓起为父母备好的礼物,走到了走廊里。房间的门敞开着,圣诞树一闪一闪地散发着美丽的光芒。父亲和母亲一左一右地坐在桌子两边,桌子上一左一右地堆放着他们精心为我准备的圣诞礼物,就好像整个房间都被划分成左右两部分了。"噢!"我说,"简直太棒了!"我朝两边的礼物都看了看,但是还是站在门口没动,我不敢让他们看出来我偏爱哪一边。父亲嘴里叼着一根已经熄灭了的雪茄,脸上带着笑意望着我,又扭头看着身边他为我制作的上了清漆后闪闪发亮的马厩模型。母亲朝我笑着,得意洋洋地指着身边为我买的一堆礼物。我们三个互相看着互相笑着,笑容里都隐藏着一丝不安。我总不能就这样一直在门边站下去!

我犹豫不决地向那张放满礼物的桌子走去。每走近一步,我的脑子里就改变一次主意,这时,我真的希望会有一位兄弟姐妹及时出现,我愿意把我的这么多超棒的礼物分一半给他(她)!我是这个世界上最幸福的孩子了!我是多么的幸运!现在,我要来扮演好我的角色了,我要让这个节日平安快乐地结束。在这方面,我已经表现得像是一位外交家一样,处事面面俱到。我不能让不和谐之音在这个美丽的节日夜晚出现。在我五六岁的时候,我就已经能够成功地在圣诞前夜,在选择最喜欢的礼物这件事情上,做出最好的表现。当然,表演的时候,我的心总是一直跳个不停的。

我站到了礼物桌前,脸上挂着惊喜的表情,一会儿看看左边的,一会儿又转过身去看看右边的,像个钟摆似的,左右不定。我惊喜地抚摸右边的礼物时,母亲就很开心的样子。我又去审视着左边的马厩,表现出一副爱不释手的样子,父亲满意地笑了。然后我又去右边拿起平底雪橇,研究起来。再接着,我去了左边,抚摸着马身上的皮具赞不绝口。就这样,我一会儿到左边,一会儿到右边,哪一边待的时间都不长,哪一边都不忽视。我表现出真诚的喜爱之情,我必须要把我的感情表达出来。我在他们的脸颊上都狠狠地亲了一下。我先去亲了母亲,然后我又去亲了父亲,并把我手中的雪茄匣子递到他手中。我站在他身旁看着他从口袋里掏出小刀把匣子上的封条割开,趁着他取了一只雪茄凑到鼻子下面嗅嗅的工夫,我又回到了母亲身边,悄悄地把头贴到了母亲身上。母亲得意地笑了。当我这样做的时候,感觉像犯罪一样,不知道父亲有没有觉察到。如果觉察到了,他会不会伤心?

接下来,我们一起高高兴兴地唱起了《圣诞颂歌》:"哦,让我们快乐,让我们幸福，在这个美丽的圣诞之夜。"父亲从他的包里掏出一个崭新别致的小皮夹子，递到母亲的手中："我差点把你的礼物给忘了。"母亲也指着放礼物的桌子说："我也为你准备了礼物。"母亲为父亲准备了一双袜子、一条暖和的家居裤和一条领带。有的时候，直到我们坐下来吃烤香肠和土豆沙拉的时候，他们才会突然想起来，他们之间的礼物还没有互相送出去。母亲这时就会说："嗯，吃完饭有的是时间。"

接着，我们会去弗兰茨舅舅家拜访。他家里总会准备好现磨咖啡和史多伦蛋糕。朵拉表姐会迫不及待地向我展示她收到的圣诞节礼物。丽娜舅妈会讲一些关于她腿上的血管瘤的病痛。弗兰茨舅舅取来一个精致的小匣子，从里面取出一根哈瓦那雪茄，送到我父亲的鼻子底下："埃米尔，快取一支抽抽，这可是纯正的哈瓦那！"父亲推了一下，笑着说："这个我也抽过的。"弗兰茨舅舅生气地说："就拿一支抽抽！这么好的东西你也不可能每天都能抽得到！""那我就不客气了。"父亲说着，取了一支点上了。

弗里达是位忠实的女管家。她从厨房为我们取来了史多伦蛋糕、胡椒蛋糕和香料红酒放到了客厅的桌子上。如果天气冷的话，她还会端来一壶热气腾腾的潘趣酒。朵拉和我坐到了钢琴边，弹起了圣诞歌曲《圣彼得堡的雪橇之旅》或者《滑雪华尔兹》。旁边弗兰茨舅舅坐在沙发上又开始讲他小时候的故事了。他总是从那件兔子生意的事情开始讲起。他绘声绘色地向大家描述，他的妹妹是如何到他父亲那里告黑状的。我的母亲立即反击，竭力为自己辩解。但是谁能说得过弗兰茨舅舅呢？他的声音越来越大，用压倒一切的气势把母亲驳得无话可说，只能干着急。"你就是一个乱告状的坏家伙！"他大声地喊着，又纵情地对我父亲说："埃米尔，你老婆从小就是一个伶俐狡猾的鬼丫头！"父亲舒服地坐在沙发里，眯起了眼睛，一副暗自高兴的样子。他抿了一口红酒，透过他的眼镜朝母亲挤了挤眼睛，有些幸灾乐祸地瞧着母亲被气得哑口无言的样子，这也许对他来说，是一份意外的圣诞礼物！母亲的脸颊因为喝了酒的缘故，变得红扑扑的。"你们两个合伙来欺负我！你们这两个卑鄙下流的家伙！"母亲恶狠狠地说。看到母亲生气的样子，弗兰茨舅舅可开心了："那又怎么样？爱告状的伯爵夫人？你有本事就别告状呀！"他哈哈哈地大笑着,圣诞树上挂着的玻璃圆球都被震得叮当作响。

　　正方形和圆形是完全不同的两样东西。正方形不可能变成圆形,同样,人也不可能成为完美无缺的天使。正方形看上去对自己很满意,虽然它不是完美的圆形。但是有些人却从不满足,他们为自己设立了一个远大的、不切实际的目标,然后全身心地投入并为之奋斗。他们就像是一个想把自己改造成圆形的正方形一样,忽视自己身上的四只大小相等的、完美的角和四条长短相同的、完美的边,拼命地拉扯着、撕扯着自己,梦想着有一天自己终能变成完美的圆形。

　　我们人类中,就不乏这样的人存在,一味地追求自己不可能实现的目标。他不想成为一个完美的人,为自己的人生树立一个适度的、美好的目标。他想成为天使,成为神灵。这超越了人的能力之外。在追求错误目标的路上,他忽视了其他的东西,也忽视了家人的存在。他给别人造成了痛苦,而他,比任何人都要痛苦,直到死去时都达不到自己想要达到的目标。最后,这种想成为圆形的正方形们,变得形体扭曲,面目狰狞,这实在是一种很悲催的景象。

　　我的母亲不是天使,而且,她也不想成为天使。她的目标是触手可及的。她的目标位于很远的地方,但不是远在天边,躲在云朵后面。它是可以达到的,她是那么地充满干劲、那么地坚决、义无反顾。伊达·凯斯特纳想成为一名完美的母亲,她的人生目标就是要把儿子培养成一个成功的人。正因为这样,她朝着这个目标不顾一切地奋斗,忽视了别人,更忽视了她自己。她把她所有的爱,所有的精力都投入了进去,她像着了魔一样,不停地工作不停地赚钱。儿子就像她手中捏着的唯一的一张牌,是她下的唯一的赌注,她拼尽了全身的力量,投入了她的一生,她的一切。她不能输。

　　她手中的牌就是我。所以,我必须要赢。所以,我决不能让她失望。所以我要成为最优秀的学生和最乖巧懂事的孩子。我无法忍受,她在这场博弈中遭受失败。因为她想成为一名完美的母亲,所以,我必须要成为一名完美的儿子。我能行吗?不管怎样,我都要试一试。我从母亲那里遗传到了她的能力、她的抱负和她的高智商。当我在奋斗的路上感到疲倦、感到力不从心时,我就告诉自己:我有一位完美的母亲,我爱她,我非常非常地爱她!

　　有的时候,一个可以达到的目标也会让人感到疲劳,感到十分费力,因为你迫切地想实现它,所以你一直用了最大的力气,所以你肯定会遇到自己虚弱无力、力不从心的时候。我的母亲就是这样,她在追求目标的这条路上,义无反顾,紧紧地盯住目标,既不左顾,也不右盼,埋头苦干。终有一天,她疲了、倦了,甚至感到自己承受不了了。她把她所有的精力、所有的爱都投入到了我的身上,再也没有多余的可以拿出来给旁人的了。她的脑子里整天想的事情全是关于我的,再也没有别的了。

　　所以,有的时候我的母亲在别人的眼里,是一个有些冷漠的、严肃的、高傲的、专横独断的、缺乏耐心的、自私的人。她把她的一切都给了我,对于别人,她只能骄傲地、笔直地站在那儿,摊开空空的双手。这是一个多么可怜的灵魂!她有时会感到悲哀,有时也会感到自己很不幸,甚至,她会陷入深深的绝望之中。关于这点,我不是顺口随便说说的。我知道我说了些什么。当她的目光逐渐暗淡下来时,我就在她的身旁。那时,我还只是一个小男孩。

当我放学回到家,在厨房的桌子上发现了一张字迹潦草的纸条。"我不能再这样下去了!"上面写着,"不要去找我! 要幸福地活着,我最亲爱的孩子!"我一下子蒙住了,动弹不得。屋子里一片死寂。

我夺门而出,我一定要找到母亲!我被巨大的恐惧和惊骇包围住,几乎无法呼吸。我慌张地一边奔跑一边撕扯着嗓门大声地号哭着,泪水模糊了双眼,几乎看不清前方的路。我踉踉跄跄地奔跑着,大声地呼唤着妈妈。我穿过一条条街道,来到易北河边,我沿着河开始一座桥一座桥地寻找。太阳穴一阵阵地跳着疼,头也嗡嗡作响,心脏简直要停止了跳动。我冲进人群中,横冲直撞,急切地左看右看,行人一边大声责骂一边往四下里退让。我感到呼吸困难,差点要昏厥过去,身上冒着汗,却感到一阵阵彻骨的寒意。我处于一种几乎发狂的状态,根本没有留意到鼻子开始流血了。我继续跑。她到底去了哪里? 我还能找到她吗? 我还有时间吗? 会不会已经太迟了? 我的脑子里一阵混乱。"妈妈! 妈妈! 妈妈!!"我拼了命地呼喊。"妈妈! 妈妈! 妈妈!!"我绝望地呼喊着。我拼命地跑,眼前一片模糊,我不知道要跑到哪里,我只知道,我要竭尽全力,因为这是一场与死神进行的赛跑。

我好多次都好像发现她了,但是每一次都发现认错了。前面远远的石桥上,有个身影站在桥边,低头看着桥下湍急的河水,一动也不动,就像是一尊雕像。"妈妈! 妈妈! 妈妈!!"我的喊声越来越大,用尽了最后一丝力气,拖着双腿终于来到了她的身边,我紧紧地抱着她、拉扯着她、摇晃着她,就仿佛是在撕扯着一只苍白的布娃娃。我哭着、嘶哑地喊着。她终于像从睡梦中醒来了一样,睁大了眼睛,认出了我。现在她终于意识到,她站在了什么地方。她感到害怕了,泪水流了下来,她紧紧地把我揽入怀中,费力地说:"来吧,孩子,带我回家!"她从危险的边缘往后退了一步,喃喃地说:"这下终于好了。"

后来,还发生过这样的情形。当我发现她不见了的时候,总是被恐惧扼住了咽喉,无法呼吸。我总是不知所措冲出去,冲到易北河边,一座桥一座桥地寻找。我从桥上找到桥下,顺着桥边的台阶下到河岸边,在各个桥洞里找,在河边停靠着的各条小船上找,平时经常有人站在船上钓鱼,我担心她会从船上跳到水里。我因害怕而发抖,因绝望而啜泣不止。我伤透了心。当我一无所获地往家里赶时, 我希望她能在这个时候已经回到了家中。当我发现家中仍然没有人时,我又仓皇地跑出去继续找,一直找到一丝力气也不剩,拖着沉重的双腿回到家里,扑到母亲的床上抽泣。在绝望的泪水中,我逐渐失去知觉,昏昏睡去。当我醒来的时候,发现母亲就坐在床边看着我,她把我紧紧地搂入怀中。"你到底去哪里了?"我问,幸福而又迷惘地望着她。她也不知道,她摇了摇头,尝试着挤出一丝微笑,喃喃地说:"这下终于好了。"

在一个下午,我没有出去和小伙伴到后院里玩耍,而是秘密地到了家庭医生顾问兹莫曼先生那里去咨询。我向他倾诉了心中的一切苦闷。兹莫曼医生一边听着,一边用他被尼古丁熏黄了的手指捻着嘴巴上的八字胡须。他用亲切的目光注视着我说:"你母亲工作太辛苦了, 她的神经不是很健康了。这有些危险,但就像是夏天里的雷阵雨,来得迅猛,去得也快。她必须让自己得到充分的休息和放松,恢复到自然的状态。雷阵雨过后,空气总是格外清新。"我用疑惑的目光望着他。"我们人类,也是自然的一部分,所以,要到大自然中去放松。"

他用手抚了抚我的头发。"你的母亲必须让自己放松一两个月,到附近郊区任何地方都行。比如塔兰特、维克希朵夫、朗恩布吕克。你可以中午放学回来后,陪着你母亲到附近的郊区走走,散散心,晚上的时候再回家。你也可以把家庭作业本带上,带到维克希朵夫那里做。""她肯定不会愿意那么做的。"我为难地说,"因为那些顾客。她不会让自己休息一两个月的。时间太长了。""少总比没有要好,尽量去做吧。你说得对,这对她来说是很难。"他回答。我自知有罪,心情沉重地说:"都是因为我。要不是为了我,妈妈不会这么辛苦地拼命赚钱,她这么折磨自己,都是因为我。"当兹莫曼医生把我送到门口时,他用双手按了按我的肩膀:"不要这么自责。如果没有你的话,情况会更糟糕。"

"您不会告诉她我来过这里吧?""相信我,我当然不会讲出来的!""你会不会相信,也许有一天,她会、她会从桥上跳下去?""不会的。"他说,"我不相信她会那么做。你依然待在她的心中,即便有一天她忘掉了一切。"他用充满笑意的眼睛看着我:"你就是她的守护天使。"

兹莫曼医生的这最后一句话让我永生难忘,在后来的生活中我常常想起这句话。我记得,当我 50 岁左右的时候,我去疗养院找我母亲。我们有很长时间没有见过面了。在这期间发生了很多很多的事情。德累斯顿变成了一片废墟,我的父母侥幸活了下来。因为邮电系统和铁路系统的瘫痪,我们有很长一段时间失去了联系。现在,我们终于又能见到彼此了,虽然是在疗养院里。我母亲当时已经快 80 岁了,一生辛劳,生活又遇到了动荡,身体非常虚弱,记忆力也几乎丧失了。她只能躺在床上接受别人的看管和护理。

我去的时候,看到她手里拿着一块毛巾,在膝盖上摊开抚平,然后折叠起来,然后再摊开再折叠,就这么无休止地重复着同样的动作。她抬起头,看到了我,迷惘地笑着,问:"埃里希到哪儿去了?"她向我打听她儿子!我的心顿时揪到了一起。她的状态,就像是当年神思恍惚地站在桥上时一样。

"即便有一天她忘掉了一切,你依然在她心中。"兹莫曼医生曾这样说过。是的,虽然现在母亲的眼睛已经认不出我了,但是,她的心没有忘记。我知道,我就在她的心中。

●●● 第十二章　弗兰茨舅舅成了百万富翁

前面一章里,我跟大家讲了一些不轻松的事情。一个孩子有了苦闷,而这个孩子就是我自己。我是否不应该向你们提起这些不愉快的事情? 不,我还是应该讲出来。苦闷是常常出现在我们的日常生活中的。就像是冰雹或者森林大火,不可避免地存在着。人们可以尽情地描绘一个理想中的世界,在这个世界中,没有饥饿,没有战争。但是现实中的种种不如意往往会把我们从理想国中拉出来,我们无法回避现实,无法回避一些因政府的愚蠢行为所带来的种种灾难和不幸。我们必须勇敢地说出来,然后正确地去面对它。如果不说出来,那就等同于说谎。

透过玫瑰红色的玻璃镜片看世界,世界就是玫瑰红色的。虽然眼中看到的世界令人心生欢喜,但这却是光学元件带给我们的假象,我们不能被这光学的假象蒙蔽了。从玫瑰红色镜片后面看到的世界,不是真实的世界。如果这个也分不清的话,那当别人把你鼻梁上的眼镜摘下来的时候,你就会大吃一惊,简直无法接受眼前的事实。

当然,也有黑色的眼镜片,我在这里有些像哲学家了,如果有人推销黑色镜片的眼镜,他告诉你,戴上这种眼镜你的眼睛在强光下就会受到保护,光线不会直接射入你的眼睛。那么,他是一名诚实的好商人。假如他告诉你,戴上这个眼镜,太阳就不会发光了,那他就是一个骗子。

生活不全是玫瑰红色的,也不全是黑色的,它是五颜六色的。生活中,有好人也有坏人。好人有的时候也会干坏事,坏人也有做好事的时候。生活中,有欢笑也有泪水。有时,我们伤心地大哭,就好像以后再也不会笑了一样。或者我们开心地大笑,就好像以前从来没有伤心过一样。我们有幸福的时刻,也有感觉不幸的时刻。不幸中有时隐藏着幸运,幸运时有时暗藏不幸。谁要是能清楚地知道这些,谁就成了一名智者。如果有谁不承认这一点,非要说二乘以二等于五,那对此还能说些什么呢? 只好由他去了。

　　我伤心地大哭时,我以为我以后再也不会笑了。后来我还是笑了,就好像以前从来没有伤心一样。"这下终于好了。"母亲说。是的,一切都会好起来的,而且会变得更好。

　　海克斯街是一条狭长的、灰色的街道,整天挤满了人。这条街道的商铺都比较便宜,所以年轻的弗兰茨舅舅和保罗舅舅都在这条街道上买了店铺,开始了他们的肉制食品店的生意。这两家店铺都是只有一扇窗户的房子,而且分别位于道路的两旁,门对着门。没人会想到,这两家肉制食品店的老板都叫奥古斯丁。这两位从小就会做兔子生意的兄弟,都很机灵、很努力,性格活泼、受人欢迎。他们每天身穿雪白的上衣和围裙,他们制作出来的各种香肠、肉块沙拉和肉冻味道都非常棒,非常受人喜爱。丽娜舅妈和玛丽舅妈每天从早到晚都在柜台后面站着,忙着招呼上门的顾客。当她们空闲一点的时候,就会朝着对面店里彼此高兴地打个招呼。

玛丽舅妈有四个孩子。最小的一个汉斯在出生的时候就瞎了。汉斯总是很喜欢吃，很喜欢笑。他在玛丽舅妈去世后，被保罗舅舅送进了盲人慈善学校，并在那里学会了藤编的手艺和给钢琴调音的技术。在他年纪还很小的时候，保罗舅舅就为他找了一个穷人家的女儿做媳妇。保罗舅舅的生意实在是太忙了，他没有多余的时间来照顾眼瞎的残疾儿子，所以，他找了别人来代替他。

小时候做兔子生意的三个孩子中最大的一个，罗伯特·奥古斯丁，在德伯尔恩做生意，他是一个很健壮的人，他整天忙于生意，从来不会考虑自己，更不会去关心别人，他脑子里整天想的，只有他的生意。假如一天有 48 个小时，那他会觉得再好不过了。他没有一点儿时间去关心其他的事情和其他的人。他的妻子、孩子、兄弟、姐妹以及他自己的身体健康，他都顾不上关心。

当然，一天只有 24 个小时。所以，他看上去更冷酷无情了，对他自己的父亲也是一样。外祖父当时患上了严重的哮喘病，他没有多余的钱去看病。他知道，如果不治疗，自己将会不久于人世。但是他宁愿保持傲气也不愿意向自己的儿子伸手要钱。他想起了一句谚语：一位父亲可以轻易地养活 12 个儿子，12 个儿子却很难养活一位父亲。

在德伯尔恩的姨妈，穷得像教堂里的耗子，她们写信告诉了母亲，外祖父现在的身体状况很糟糕，需要治疗。我母亲跑到海克斯街，恳请她的哥哥弗兰茨做些什么。他许诺一定会想办法。接着他给自己的父亲通过邮政汇款的方式汇了一些马克，又寄了一张明信片，上面写了一些祝父亲身体健康的祝福的话语。但是这些祝福的话不是他亲自写的，而是他的妻子代写的。作为儿子，他忙得连给自己的父亲写祝福卡片的时间都没有。不久，外祖父就去世了。这一次，他没有让别人代劳，而是亲自前往故乡出席了葬礼。不管怎样，毕竟是自己的父亲过世，他不能不去，否则就真的沦为流氓无赖之流了。

在这个大家庭中，婚礼、银婚庆祝，都算是例外情况，不管多忙，家人们都会出席。葬礼更是一个例外。这种时候，大家总是能抽出时间到墓地去，戴上黑色的礼帽，身穿黑色的燕尾服，神色悲痛地站在棺材旁，不时地从口袋里掏出手帕，拭去眼角的泪水，眼眶和鼻尖都是红红的，悲伤的感情看上去非常真切！

在葬礼之后的筵席上，亲人们围坐在一起吃饭的时候，伤心的泪水还会流下来。但是在饭后喝咖啡吃蛋糕的时候，笑容就开始出现了。那位从小做兔子生意的老大，悄悄地从黑色背心的口袋里掏出了金色的怀表，他又开始老样子了："天哪！这么晚了！下次见！真糟糕，正是惬意的时候，可我必须要走了！"

他只有在自己的葬礼上才可能待的时间会长些。

弗兰茨·奥古斯丁和保罗·奥古斯丁的家也在海克斯街上。这两栋房子是用开肉制食品店赚来的钱购买的。后来，他们还用赚来的钱投资马匹，成了真正的马匹交易商。在他们两家的后院，都有足够的地方建造马厩。保罗舅舅专门养一些高品质的、有纯正血统的良马，他买进这些良马精心饲养并调教，然后高价卖出，他的马专供华丽的马车和当作坐骑使用。他总是挑马中的精品来交易。正是因为这样，几年之后，他获得了"宫廷承办商"的头衔。他把这个头衔刻在了公司牌子上面，挂到了门口，就好像是得了诺贝尔奖一样。他就像宫廷的珠宝商专门经营高档、价值不菲的钻石、珍珠等珠宝一样，专门提供有着高贵血统的名马。他的后院中有十间马厩。有时，国王也会亲自来到这里。想象一下，在这条狭长的、微不足道的海克斯街，国王和王子还有内廷总监和皇家猎手到我舅舅保罗家里！

尽管这样，我还是喜欢到马路对面的弗兰茨舅舅家的院子和马厩里玩。弗兰茨舅舅是个粗野的家伙。他那种大大咧咧、火爆爱冲动的脾气使他注定成不了一名宫廷承办商。有一次，谁知道弗兰茨舅舅对萨克森国王弗里德里希·奥古斯特三世说了什么，他非常兴奋，竟然用手重重地在国王的肩上拍了一下。国王身边的宫廷总监和随行的大臣都吓得差一点昏厥过去。但是对我来说，我却更喜欢粗野的弗兰茨舅舅。我并不怎么亲近尊贵的保罗舅舅，母亲曾戏称他为"尊贵的巴隆先生"。我在弗兰茨舅舅家里的院子和马厩里玩耍，就像在自己家里一样。

那些棕色的木房马厩，顺着住房沿着院子内墙一溜儿排开，大概有能容下30匹马的空间。那些丹麦马、普鲁士马、奥登博格马和赫尔施坦恩马，来自弗兰德的宝马，力大无穷、屁股宽大、鬃毛明亮的布拉班特马，它们被拴在马厩里，嚼着干草马料或者大口大口地饮水，让我看得目瞪口呆。成担成担的草料、燕麦或者剁碎的青饲料被不断地运来，成桶成桶的水也被运来，粮食和水的每日消耗量巨大。这些高头大马站着，时不时地抬起蹄子在地上跺着或者用尾巴在屁股后面扫来扫去，驱赶着围在身边的嗡嗡叫的苍蝇群。我按着顺序，来到一间又一间的马厩问候它们。如果我再往前靠近些，它们就会抬起巨大的马首，用它那深邃的大眼睛探究似的耐心地看着我。有时它们会冲我点点头，有时却是摇一摇那巨大的马首，但是我不知道，它们想对我说些什么。那位瘦削的、来自丹麦的领班长拉斯姆斯，总是发不出"s"这个音，他正在一间间地巡视着马厩。布鲁诺舅舅瘸着腿，陪着胖胖的兽医一拐一拐地从那边鹅卵石小路走过来。那位胖兽医是这里的常客。

马和人一样，也会生病。有一些马病的名称跟人类的一样，比如流感、肠炎。还有一些是马独有的病，比如传染性卡他病、腺疫、蹄关节炎、后跟裸关节内肿病等。所有这些病对马来说都是相当危险的。我们人类得了流感、肠炎，很普通，但是对马来说，就不一样了，这非常危险。马自从它的祖宗开始一直是素食动物，肠胃敏感。如果给它喂了含有湿气的草料，就会引起它胃肠胀气，有时候胃肠都能胀成气球一样。接下来就会绞痛，就像有上百把刀子在肠胃里搅动一样。接着肠子就真的会纠结在一起，这匹马离死去也就不远了。接下来它的体温会骤然升高，它会去大口大口地喝冷水，不久就会咳嗽起来，腺体开始肿胀，鼻孔里滴下水珠，体温继续升高，气管也会呼呼发出很大的声响，眼神会逐渐暗淡下去，这时候，死神真的来敲门了。有的时候，那位胖兽医来得还及时；有的时候，当他赶到的时候，马已经无药可救了。接着屠宰场的拉死牲口的车就会咯吱咯吱地驶进院子，死马身上的皮毛、蹄子还有鬃毛都还可以被利用。

人们害怕马的死亡，主要还是从金钱损失方面来考虑的。人们对此在感情上有清晰的界限，这并不值得奇怪。因为人没有把马看成是自己的家庭成员。马就像是来到旅店的房客，它在德累斯顿逗留几天，享受这里的精心护理和照顾，接下来它还会继续旅行，离开这里去各个贵族家的庄园、啤酒厂、军营或者其他地方。哦，对了，还有一些会去屠宰场。旅店主人不会因为一位客人死去而掉泪，人们只会把他悄悄地从后门运出去。

弗兰茨舅舅家住的地方就在他开的肉制食品店不远的地方。这所住宅普通、狭小、令人感到不舒适。这里曾是一家肉店，卖肉的伙计在里面拿着斧头在砧板上剁骨头和肉块。弗里达是一位苗条的、来自艾茨格博格的女佣，她很安静，也很能干，在这个家里操持着一切。她要烧饭、洗衣服、打扫卫生，还要照料我的表姐朵拉，代为履行母亲的职责。真正的母亲，我的丽娜舅妈，根本没有时间来照顾自己的女儿。

丽娜舅妈从来没有受到过商业经营方面的专业知识培训，但是她作为一名公司的女主管，从早到晚坐在公司的办公室里忙于处理各种公司业务。她要处理那些支票、供货账单、税单、工资、延期交易诉讼书、医院医疗捐助清单、银行票据和其他一些五花八门的票据。对于处理这些细小琐碎的事情，弗兰茨舅舅一直是很头疼的。他全部都交给丽娜舅妈来负责。他对舅妈说："你要把这个给处理好！"丽娜舅妈就很努力地照做。如果他说："今天晚上六点钟，你从圣十字教堂顶上跳下去！"丽娜舅妈就会乖乖地跳下。当她站在教堂的楼顶边缘准备往下跳时，她会留下一张纸条："亲爱的弗兰茨！对不起，我跳晚了八分钟，因为那位审计员耽误了我几分钟的时间。爱你的妻子，丽娜。"幸运的是，弗兰茨舅舅是不会想到这么干的，否则的话，他就失去了一位最忠诚的机要秘书！那样做实在是太蠢了。我的弗兰茨舅舅可不是一个蠢蛋。

舅妈的那间办公室，就位于院子最里面的位置，在一所附属建筑的底层的一间小屋，旁边是一长排的马厩棚。丽娜舅妈在这里管理公司所有账面事务。她要在这里和各个供货单位打交道、给工人们发工资、开出支票、做财务账册、接待查账员、检查公司账务。在她身后，靠墙放着保险柜，只有她一人掌管着保险柜钥匙。她的围裙口袋里装着钥匙串和钱包，走路的时候在里面晃来晃去的。她头上的发髻上斜插着一支铅笔，丽娜舅妈行事果断，头脑清醒，任何人都愚弄不了她。在这个世界上，只有一个人能打乱她心脏的跳动，那就是弗兰茨舅舅，在别人面前，她尊称他为"先生"。当他们在家或者在通电话时，她称呼他"弗兰茨"。"是的，弗兰茨。""当然，弗兰茨。""明白了，弗兰茨。""没问题，弗兰茨。"

她的声调中洋溢着青春活力，就像是一个女学生发出来的声音。

无论他站着或走动着，如果他需要她，只需喊上一嗓子："老婆！"马上传来回答："什么事？弗兰茨？"丽娜舅妈很快就跑过来了。他只是吩咐了一句："今天晚上我要和拉斯谟斯去福莱恩堡的交易市场，给我准备好两万马克带上。要一百元一张的纸币！"她慌忙一边往外跑一边用手解开围裙。一个小时后她就从银行带回两百张百元马克大钞。后来，他们搬到了一栋别墅里居住，跑银行的事情基本上就交给我了。

当弗兰茨舅舅从交易市场和拍卖所回来的时候，带回了一大批马。那些马用火车装载着运到新城的货运火车站后，再由工人们赶上装卸台集中到货车上，沿着铁路路基走，穿过比思绍夫广场运到海克斯街。接下来弗兰茨舅舅马上就要忙开了。他要亲自喂这些马，经过长途的火车运输和气温的变化，使得这些马非常疲劳，必须精心照料才能恢复正常，稍不小心就会损失惨重。

没过几天，那些性急的顾客就开始找上门了，他们在院子里站着，在各个马厩边挑选、谈论着，有的看上去对马很内行的样子。舅舅家的院子一下子变成了热闹的集市。有些人胳膊底下还夹着厚厚的公文包，穿着讲究，看上去仪表堂堂。富有的生意人、带着随从的官员、贵族、富农、啤酒厂老板、货运公司老板、牛奶制品厂老板、城市垃圾清运机构的人都赶了过来。布鲁诺舅舅拿着一盒雪茄，一瘸一拐地在人群中穿梭，不时地给顾客递根哈瓦那烟。在院墙外面的住宅上，好多窗户大开着，看热闹的妇人和孩子从里面伸出头来，她们等着看最精彩的一幕：这些马的主人弗兰茨是如何向大家展示并推荐他的马。弗兰茨舅舅来了，他从大门口那边走过来，脸上带着自信的微笑，嘴里叼着一根雪茄，一边走一边晃动着手里的竹礼杖，一顶时髦的圆顶硬礼帽稍稍歪斜地戴在头上。旁边有人很兴奋地对身边的人说："就是他！他说过要给我投资的，我甚至能想象出，他将送一匹福克斯阉马给我！"对于这些自以为是或自作多情的议论，弗兰茨舅舅就当没有听见一样，他走到哪里，哪里就跟着一群人，雇工们也跟着他，随时听候他的差遣。他成了大家的中心，他手里仿佛拿着一根指挥棒，雇工们、马们、顾客们都在听候他的指挥。

　　那些马被雇工们牵着，一匹接着一匹地展示着奔跑的姿势。雇工骑在马身上，拉紧马笼头，让马在院子里跑过来跑过去，来来回回要跑好几趟。几匹从拉斯谟斯带回的马性子执拗，不听雇工指挥，弗兰茨舅舅就用皮鞭很快制伏了它们，使它们变得像绵羊一样乖。有的时候，弗兰茨舅舅甚至都不需要用皮鞭，他手里拿了一条白手绢，在马首前面呼啦啦地上下甩动几下，马就乖乖地听话了,他就像驯兽师一样,任何马都会乖乖地听他的指挥。在我看来,那条在空气中呼啦啦响着的白手帕就像是一面旗帜。

　　如果有人对一匹生龙活虎的马产生了兴趣,他就会走近扒开马的嘴巴,仔细检查它的牙口,然后检查它的马蹄冠。如果很满意,弗兰茨舅舅就会开一个价,很快,他们就会达成协议,两人伸出手来用力地握一握。这一握,就代表着生意成交了。丽娜舅妈在一旁赶紧从头发上拔出铅笔,掏出本子记上买家的姓名和地址。生意谈成了,握手是必不可少的,这个动作在当时就像是一句誓言,假如其中一方不去遵守约定,那么这个人以后再也不可能在商业圈混了,他的生意生涯也就此结束了。

　　有的时候,弗兰茨舅舅会购进非常多的马,以至于他自己的马厩无法容纳得下。他就得租用别人的马厩,把其中大半送到别家的马厩圈养。他常常租用保罗舅舅家的马厩或一位名叫盖彼乐的参议会理事朋友家的马厩。这样一来,马的展示会就会持续一整天。到了晚上,这些人到附近的酒吧继续谈生意,雪茄的浓烟充斥着整个酒吧,挥都挥不散。嘈杂的说话声和放肆的大笑声穿透了整条街道的上空。弗兰茨舅舅喝得脸通红,但是一直保持着清醒的头脑。布鲁诺舅舅几杯烈酒下肚后,就醉得脸色发紫,神志不清了。丽娜舅妈滴酒不沾,她忙着收款,安静而耐心地不停数着钞票:一百、五百、一千……手边的文件包已经鼓鼓囊囊塞满了马克,这从皮包表面被撑出来的形状上就能看出来。丽娜舅妈写着收据,完了之后再把复写铅笔插回到头发上。回到办公室,她打开保险柜,把一捆捆的钱放了进去。

　　"那个弗兰茨·奥古斯丁,"人们说,"看起来又笨又头脑简单,他竟然也能赚到钱!"又笨又头脑简单?看来这条街道上的人对他一点儿也不了解。当然,他们不会说出来,只是私下里偷偷议论罢了。也有人为弗兰茨舅舅而感到骄傲,因为他是从这条海克斯街上成长起来的第一位百万富翁,以前从来没有人像他这样成功过。他简直就是创造了一个奇迹。反对的人说:"如果他像你说得那样有钱,那他就应该把财富展示给我们看看,到底多有钱。他应该早就建造了一座宫殿,搬离了海克斯街!""简直胡扯八道!"弗兰茨舅舅咆哮道,"我觉得我现在住的肉铺改造的屋子就够了。再说,我待在家里的时间能有多少?"当然,这些乱七八糟的议论还在不断发生着,舅舅只能听之任之了。

　　后来,他在安东大街买了一栋房子。说是房子,其实表达不是很确切。应该说是别墅,一栋两层的宽敞舒适的豪华别墅,别墅外围是绿树成荫的花园,大

得就像个公园，并且花园的墙外就是阿尔贝特广场。每天放学我都要经过这个广场。在这座既繁华又威严的广场上，有一座歌剧院和两座巨大壮观的喷泉，一座是"静止的水"，另一座叫"狂风巨浪"。

　　在这座别墅像公园一样的大花园里面，除了高大古老的树木，还有一座玻璃温室房，两座美丽的小凉亭和一处侧边附属建筑，包括一个马厩、一个车库和一间马车夫房。那位能干的保姆弗里达搬进了这间马车夫房，现在她是女管家了，一位女佣和一位园丁在下面听从她的安排。她不但要打理整个家，还要照顾女主人的女儿——自打她第一天出生就开始了。丽娜舅妈在照顾孩子上力不从心，她要时刻保持严肃，她不想成为一名慈祥的女人，后来事实也确实如此。她和弗里达都是来自艾尔茨山区，她们的父亲曾在同一个煤矿上当采矿工。

●●● 第十三章　阿尔贝特广场边的豪华别墅

　　从国王桥大街 48 号来到安东大街 1 号,简直就像是来到了另外一个完全不同的世界。因为丽娜舅妈刚搬到别墅,还感到非常不习惯,所以,当我们一家三口来这里拜访时,她非常高兴。如果天气不错,我经常下午到这里来消磨时光。这时,弗兰茨舅舅肯定坐在某一班赶往别的市场的快速火车上。丽娜舅妈则在海克斯街上的公司办公室里,坐在书桌后面忙着开账单或发票。我的表姐朵拉到同班女同学家里去玩了。这样,整个别墅和花园就都是我一个人的了。

　　我最喜欢蹲在花园的围墙上面,看着那些行人和繁华的阿尔贝特广场。我盯着那些有轨电车,开往老城中心、开往白鹿区、开往新城火车站、开往克劳茨和海尔劳,人们上车又下车,我总也看不够。还有那些货车、马车、小汽车和行人。广场上的两座喷泉升起高高的白色水柱,不断地变换着姿态。救火车发出刺耳的叫声从前方呼啸而过。几排士兵操练回来从广场经过,迈着整齐的步伐,唱着嘹亮的歌声,汗水顺着脸庞流了下来。一辆华丽的马车从卵石路面吱吱嘎嘎驶了过去。广场的角落里,有个穿白色制服的人在售卖最新鲜的冰激凌,五芬尼就能买到一个冰激凌蛋筒。一辆运啤酒桶的马车经过,一个啤酒桶从车上滚了下来,好奇的人立刻围了过去。阿尔贝特广场就像是一个舞台,我坐在茉莉花丛和大树之间,着迷地观看着这些在剧院包厢里看不到的演出。

　　不知什么时候,弗里达在我的肩膀上轻拍了一下:"我为你准备了一杯香喷喷的咖啡!"接下来我就坐在阴凉通风的铸铁凉亭里,享受着午后点心和咖啡,舒服得像个小王子。休息一会儿,我再去树林里检查那些醋栗和酸樱桃是否已经成熟。或者,在秋天的时候,我拿来一根长长的晾衣竿,去打那些坚果树上的果实。或者,我会飞快地跑到附近的一家绿色食品杂货店,替弗里达买回一小把莳萝、方糖块、洋葱、小香葱或裸麦粗面包,等等。在那家食品杂货店旁边,有一个小小的房子,房子一大半都隐藏在花园之中,花园的门上挂着一个牌子:古斯塔夫·涅尔里茨在这里生活过并于此逝世。我知道这位名人。他写过很多儿童的书。他是一位教师,也是一位教育学家。他写的所有的书我都读过。1976年,他在安东大街上的这栋小房子里逝世。他的名气和同时代著名的德累斯顿艺术家路德维希·里希特一样大。现在的人们还知道艺术家路德维希·里希特的名字,但是已经没人知道古斯塔夫·涅尔里茨了。时间会做出选择,什么应该留下,什么应该消失,而大部分情况,它自有它的道理。

晚上我们一家散步的时候,常常会走到弗兰茨舅舅家里。如果舅舅不在家,我们更乐意散步走到这里来。丽娜舅妈喜欢和我们在一起聊天,她不管朵拉孤单不孤单,她喜欢有人陪她聊天,陪她一起在客厅里享用晚餐面包。弗里达准备的晚餐总是过于精致过于小分量了,就像是为皇帝准备的,她制作的火腿面包片虽然很美味,可实在是太小了,一口就可以吞掉了,这让我有些伤心,可是我又不好意思说出来让她难堪。

这是一个美妙温馨的晚上。沙发靠背上方的墙上挂着一幅从画廊里高价买来的油画,上面画的是一位苍老的赶马车的人,他站在马旁边,一盏矿灯挂在马车上,发出昏暗的光线。这是一幅来自特拉查的印象派画家霍夫曼的著名作品。为了生活,这位艺术家把这幅画复制了一份,卖给了丽娜舅妈,舅妈把它作为独一无二的生日礼物送给了弗兰茨舅舅。"一幅画?"弗兰茨舅舅对此嗤之以鼻,"为了我的缘故? 就因为上面画了一匹马? "

如果弗兰茨舅舅没有出远门去买马,那么我们晚上的时光过得就不那么安逸了。倒不是别的原因,就是怕他酒喝多后胡闹。因为他如果不出门买马,晚上就会到酒吧里消遣,和其他的男人无休止地喝酒、猜拳、找些马的生意,或者去招惹那些女招待。然后,他会突然醉醺醺地出现在家中! 这时候,什么事情都可能发生,所以我们必须躲到厨房里去。

厨房里非常干净、整洁、漂亮,也同样令人很舒服,为什么不来这里呢? 我们在自己家里的时候,也经常坐在厨房里聊天。弗里达在这里为我们准备的食物和在客厅里吃到的一样美味。但是,我们还是从丽娜舅妈眼睛里流露出来的害怕中感觉出了一些异样。所有的人都坐在厨房的桌子旁边,整个大屋子却是空荡荡的,丽娜舅妈紧张地坐在那里,就好像她是到这里的一位访客。我们就这样坐在桌边,嘴里吃着食物,耳朵都像兔子一样直直地竖着,他回来了?还是没回来?谁都没法肯定。

接下来,我们听到一声巨大的声响,那是花园大门被狠狠关上的声音。弗里达说:"先生回来了。"接着房子大门被"通"的一声撞开,门上的彩色玻璃被震得哗啦哗啦响。丽娜舅妈有些紧张又有些激动的样子:"真的是先生回来了。"接下来传来一阵狮吼声:"老婆!""来啦,弗兰茨!"舅妈回答着,匆忙迎了出去。她冲到走廊里,先生和他的马已经很不耐烦地站在了那里。他把帽子摘下来连同手杖一起递了过去。她拽住他的胳膊,费力地把大衣从他身上拽了下来,左手架着他的胳膊,右手把衣服挂到旁边的衣帽架上,然后像摆渡一样摇摇晃晃地把他扶到客厅门口,打开客厅大门和墙上的电灯开关。

他四肢摊开躺在沙发上,丽娜舅妈弯下身子单膝跪在他身边,帮他把靴子从脚上拔下来。弗里达也跪在旁边,伸手从沙发下面捞出一双拖鞋,待舅妈把两只靴子都脱掉,连忙把拖鞋套了上去。"烟拿来!"弗兰茨舅舅叫着。朵拉连忙跑到书房,手上拿了一匣雪茄返了回来,她打开匣子,舅舅从里面捏了一根雪茄,她又把匣子放在一边桌子上,拿了一根火柴擦着火,随时准备着。舅舅朝地上吐了一口痰后,把雪茄咬到了嘴里,朵拉立刻递上火,把雪茄给点燃了。

三个人像女奴一样围在醉酒的弗兰茨舅舅身边,小心谨慎地服务着,她们盯着他的嘴唇,随时准备听到下一个指令。一开始,他没有说什么,她们就这样跪着或站着围着他看。他深深地吸了几大口烟,用手捋了捋嘴上的金色胡须,已经有一些灰白色夹杂在里面,隐隐地闪着光亮。他脸上挂着厌烦的表情,看上去就像个强盗。他发话了:"说来听听。"丽娜舅妈马上开始汇报一天的经营情况,他一边听着一边嘀咕着。

"您想吃些什么吗?"弗里达问。

　　"我吃过了。"他嘟哝，"在特劳伯酒吧和盖比勒一起吃的。""那么来一杯红酒？"女儿问。

　　"为了我，赶紧端过来吧。"他慈祥地看着女儿，"快点吧，我马上还得出门一趟。"朵拉马上跑出去，到地下储藏室的红酒柜里取红酒去了。

　　这期间，我们一家仍然坐在厨房里，小声地聊着天。母亲有些嘲弄地笑着，父亲有些生气，坐着不说话，我呢，就坐在那儿小口小口地吃着火腿面包。那边客厅里从头到尾发生了什么，我也是后来才得知的。这样的滑稽戏发生了很多次，当然也有各种不一样的情形。

　　如果弗兰茨舅舅后来又离开家出去了，那么一会儿工夫，三位女士就会折回厨房来继续陪我们聊天吃点心。她们回来的时候，有时候手上还会拿着一个破裂的红酒瓶。我们还会继续停留一个小时左右。如果舅舅还待在家里没出门，弗里达就会过一会儿从客厅回到厨房，带着我们悄悄地来到后门口，放我们出去。我们蹑手蹑脚地从花园里的小路走出去，像几个窃贼一样。当花园门在我们身后关上，发出一声刺耳的咔嗒声时，我们都吓得颤抖了一下。

还有另外一种情形发生，最后常常以喜剧结尾。这种情形是这样的。弗兰茨舅舅对丽娜舅妈有时候疑神疑鬼的，他回到家里，对着舅妈左看看右看看，上上下下打量了一番，用很严肃很冷漠的口吻说："有什么人在家里？"丽娜舅妈霎时间脸色变得苍白，鼻尖上也冒出细汗来。她沉默了一下，一时之间不知道用什么话来回答好。他继续逼问："到底是谁？出来和我说话！""呃。"她脸色苍白，勉强挤出一丝笑容，"是凯斯特纳一家。""那他们到哪儿去了？"他有些恐吓地问，把脸逼近了舅妈。"他们到底在哪里？现在回答我！""在厨房里，弗兰茨。"暴风雨一下子爆发了。他怒睁着双眼死盯着舅妈，步步紧逼："只有凯斯特纳一家？你把我的家人藏到厨房里去？你真的当我是一个傻子？"他怒气冲冲地站着，把手里的雪茄往桌子上一扔，发出一声哀吼，迈开大步冲到走廊里，因为脚上还穿着拖鞋的缘故，差一点被自己绊倒。

他猛地一下推开厨房的门，圆睁着眼睛上上下下地打量我们一家，我们一下子有些怔住了。他把手放在脑门上，深呼了一口气，震惊地说："她真的把你们放在了厨房？"母亲低声冷冷地说："弗兰茨，我们不想打搅到你。"他用手抹了一下脸。"谁？谁这么说过，我的亲戚到我的家里会打扰到我？真是令人难以置信！"他叫道。接下来他伸出手做出一副把客人向客厅那边赶的姿势，就像是一个司令官把部队的储备物资往火里扔的样子。"你们现在还不赶紧到客厅那里去？不去？还要过一会？难道还要我写一封正式的邀请信你们才去吗？伊达！埃米尔！埃里希！快去！现在就麻利点过去！"

他踩着重重的脚步出去了。我们迟疑地在后面跟着，就像是犯了罪的人，在燃烧的火堆边等着。"老婆！"他叫。"弗里达！朵拉！"他喊，"两瓶红酒！雪茄！再来点吃的！"那三位女奴立刻飞奔到眼前。"我们已经在厨房里吃过了。"母亲说。"那就再陪我吃一次！"他生气地大喊，"现在你们给我坐下！喏，埃米尔，来根雪茄！""哦，不了，谢谢。"我父亲说，"我自己家里也有一些。"他们又要老话常谈了。"拿着！"舅舅命令道，"这么好的东西你也不可能每天都能抽到！"

"哦哦,那我就随意了。"父亲从盒子里小心地抽出了一根。

所有的人都在客厅的水晶吊灯下落座,大家吃着、喝着,心照不宣地都有些愁眉不展。弗兰茨舅舅有些兴奋地搓着自己的双手。"好了!"他满意地说,"现在我们可以真正舒服地放松一下了。去拿点吃的,小伙子!你几乎没吃什么!"幸运的是,那个时候我的胃口要比现在大很多。为了不辜负舅舅的爱和保护好大家的安宁,我吃了一个又一个点心,直到最后实在咽不下去了。朵拉在一旁看着我,偷偷地捏了我一下,冲我挤了一下眼睛。弗里达在舅舅的酒杯里又倒了一些酒。他开始讲起了他小时候在克莱恩帕尔森的生活,讲起了他和两个兄弟做兔子生意的事情。接着,不可避免地重点讲起了我母亲,他说她像兔子一样狡猾,专门在别人背后打小报告。他就喜欢看到我母亲生气的样子,我母亲越生气,他越开心。直到我母亲气急了,他连忙话题一转,和舅妈聊起了生意上的事情。最后,弗兰茨舅舅站起身来,向空中伸直了胳膊,打了一个响亮的哈欠,他向大家解释说,他要上床睡觉了,希望不要搅了我们的兴致。话还在嘴巴里说着,他人已经走远了。有时候,他的神智还比较清醒,说起话来也比较温和:"好了,现在很晚了,你们也回家好好歇息吧。"是的,我的弗兰茨舅舅就是这么一个滑稽的人,当然,有时候他是有些神经错乱。

不上学的时候,我整天待在舅舅家的别墅里或美丽的大花园里玩。这里成了我的快乐天堂。一次偶然,丽娜舅妈让我当了一回信差,我完成得很好。从此之后,她越来越多地派我去做各种跑腿的事情,我总能准时并且可靠地把事情办好,让她非常满意。丽娜舅妈以前常年站在肉制食品店的柜台后面,然后又在马厩和公司院子里忙来忙去,腿脚逐渐变得沉重起来,现在有了一个可靠的小孩子替她跑腿,她终于可以稍稍歇息一下了。虽然我还只是一个小孩子,但是她对我很放心。我把合同书送到公证人那里,然后再把公证书取回。每一次大批的马匹交易完成后,我把收到的巨款现金送到银行存进去。

我站在德累斯顿银行支行的柜台前,打开了手中鼓鼓囊囊的大皮包,把皮包里的钱一捆一捆地掏出来交给柜台工作人员。银行的工作人员连续不停地数着那些钱,数了好长时间。每清点完一叠,就在那叠钱上拦腰捆上一张印字的纸条,并用笔把数目记下来。五千马克、一万马克、一万五千马克、两万马克、两万五千马克、三万马克,有的时候甚至更多。排在后面的顾客都睁大了眼睛惊异地看着我,完全忘却了等待的焦虑情绪。

那位银行的工作人员得出了一个最终的总数,但是这个数字和我提供给他的对不上。他又清点了一遍,最后,他终于弄清谁出了错误,当然是他数错了!

因为那些钱我和丽娜舅妈已经仔细地清点过了,而且,我的加法从来没出过错。最终,我带着银行的回执单和空空的公文包骄傲地回来了。

丽娜舅妈表扬了我一番,她把银行的回执单锁到书桌的抽屉里,给了我五马克。有的时候,甚至会给我十马克。平时,有时候她也会从她的小皮夹子里掏些零钱给我。她是一位非常有爱心的好女人,并不是因为她总给我零钱我才这样说。

有一天,我还记得那天的天气相当不错。丽娜舅妈突然发现她少了两百马克。那些收来的钱她都是仔细清点过的,而且不止清点了一次,一定不会错的,钱就是少了,到处都翻过了,还是没有找到。谁偷了那两百马克?到底谁是那个小偷?到底是谁干的?弗兰茨舅舅和丽娜舅妈互相讨论着,回想着,猜测着。最后,他俩认定,谁在不应该到这间屋子的时间段里来到了这间屋子,谁就可能是小偷。这是一种老套的处理方法,不过,如果运气好的话,倒是真的可以排查出小偷来。

　　经过一番排查，最后目标锁定到了两个人身上：一个是名叫美塔的女佣，另一个就是我。美塔是第一个接受盘问的，她对天发誓，她没有做这种小偷的勾当，请一定要相信她的话。丽娜舅妈没再说什么，接下来就来问我。这次谈话非常短，因为她还没问完我就溜走了。回到家，母亲听完叙述以后，只说了句："真遗憾！怎么会发生这种事。"这件事情就这样过去了。

　　几天后，丽娜舅妈偶然中发现了这笔钱。这两百马克是她自己放进了一个抽屉里，之后接了一宗很重要的生意，耽搁了一下就忘记了。作为舅妈派来的第一位使者，表姐朵拉按响了我家的门铃。她向我们讲述了发生的一切，又向我们代为转达他们的问候。"你不用这么做。"我母亲说，"你来了，就是我们最高兴的了。"又过了一天，弗里达来了，当然，她在门口站着没几分钟就被我母亲打发回去了。接下来的一天，丽娜舅妈亲自登门道歉了。她不顾腿上的静脉血管瘤带来的痛苦，爬上了楼梯。"一切都过去了，丽娜。"我母亲说，"我很高兴，事情水落石出了。当然，谁要是怀疑我的孩子是个小偷，那我以后就不会再认识她了。"她把大门在丽娜舅妈的鼻子前关上了。

　　又过了一天，一辆马车行驶到我家的楼前停了下来，弗兰茨舅舅从马车上走了出来！他在楼前研了一会，想确定一下门牌号是否正确，接着他消失在楼道里。很快，他站到了我家门前，这是他第一次来到她妹妹家里。"伊达！"他叫我母亲。"你还想要怎么样？"我母亲说道。"我就来看看你们住的到底怎样！"他不满地咕哝，"你难道不想请我进去吗？""不！"母亲说。舅舅一把把母亲拉到一边，径直走了进去。母亲还想过去拦住他。"别再继续做蠢事了，伊达！"他低沉地吼着，一边用手把母亲推来推去。

　　这一场兄妹之间的谈话在保罗·叔里希的房间里进行。从那里传出了很大的争吵声。我坐在厨房里，听到母亲生气地大喊大叫的声音。这是一场激烈的争吵，母亲的情绪越来越激动，嗓门也越来越大。当弗兰茨舅舅走出来时，我看到他掏出手帕去擦拭脑门上的汗水。不过，看上去他已经轻松许多了。在房门口准备离去时，舅舅又停留了一会儿，回过头喃喃地说了句："你们这里还不错！"然后他就出去了。

"他向我道了歉。"母亲说,"他请求我们忘掉那件事情,让我们以后还去他那里。"她走到厨房的窗子前,向外探出身去。弗兰茨舅舅刚好走到马车跟前,他抬脚从脚蹬走上马车,放开刹车闸,拉紧马缰绳,用鞭子抽了马一下,往街道前头驶去了。"你怎么想?"母亲问我。"我们忘了它?""我想是的。"她回答我。"好了,"她说,"忘掉是最好的办法了,毕竟,他是我的哥哥。"

就这样,我又像以前一样,在闲暇的时间,又会到舅舅家玩了。我蹲在花园的围墙上,看着阿尔贝特广场上发生的一切,坐在凉亭里,惬意地享受美味的咖啡和午后点心。帮舅妈跑腿,抱着鼓鼓囊囊的公文包跑到银行,把钱存进去。公文包后来变得越来越鼓,花园里的老园丁见了,对我说:"我只想知道,他整天拼命赚这么多钱是为了什么? 他每顿只吃得下一块肉排,每次头上只能戴一顶帽子,如果躺到棺材里,一分钱也就花不出去了。这么多的钱留下来只能免费给蛀虫吃了。""那是为了他的雄心抱负。"我认为。老园丁撇了一下嘴角:"雄心抱负!说起来可真好听!这个人住在自己家的大别墅里,就像是住在旅馆里一样,连家里有个大花园都不知道。他整天忙来忙去,一辈子都不会休息一天。只有到最后躺在泥土里了,才能真正地休息,那时候,他只能在地下欣赏小红萝卜了。""您今天讲了许多关于死亡的话题。"我说。老园丁把烟头从嘴巴上拿下来丢到花坛里,又用手中的铁锹把它碾碎在泥土里:"这一点都不奇怪,我一辈子就只能做个花匠了。"

老园丁的话自然有它的道理。弗兰茨舅舅和丽娜舅妈过的是一种无意义的生活。他们整天忙得几乎连呼吸的时间都没有。他们没有时间在自家的花园里停下来,好好地欣赏那些美丽的花儿。他们变得越来越富有。这样到底是为了什么? 有一次,丽娜舅妈被医生安排到艾斯特温泉疗养院里接受治疗,十天之后,她就偷跑了回来。她说她做了一个噩梦,梦见家里的马死了好多,公司也面临破产。没有父母陪伴,朵拉只能跟我和母亲一起出去旅行。弗兰茨舅舅认为这是完全多余的。"我们小时候不也没去过什么波罗的海吗? 现在过得不也挺好?"他生气地问,"是谁这么胡说八道? 旅游能有什么好处?"后来,朵拉表姐在 15 岁的时候,被他们送到了一所女子寄宿学校。这所学校不在洛桑,也不在日内瓦或者格勒诺布尔,而是在萨克森的海恩呼特,名叫布鲁德普通女子寄宿学校。这所学校的生活条件很差且校规非常严厉,稍有差错就会受到体罚,那里的女学生一个个脸色苍白,看上去一副忧虑憔悴的样子,到了那里,想跑都跑不掉。

朵拉表姐在她20岁的时候嫁给了一个做生意的商人。这桩婚事是弗兰茨舅舅安排的。表姐在生第一个孩子的时候因难产不幸死去了。孩子活了下来,是个男孩,洗礼后被赋予了弗兰茨的名字。小弗兰茨一直在外祖父母的养育下长大。后来经过一次通货膨胀,弗兰茨舅舅的财富进一步增加了,但是他还是没有让自己休息。再一次的通货膨胀后,舅舅的财富一下子变得十分惊人,但这对他来说已经没有任何意义了,他像一棵大树一样"轰"的一声倒下了,再也没有醒来。在他的身后,留下了一笔巨大的财富。丽娜舅妈就在那座大别墅里一个人寂寞地住着,抚养着小外孙,弗里达帮她细心照顾着。丽娜舅妈一看到小外孙的金色头发和蓝色眼睛,就想到了朵拉,这对她是个很好的安慰。

丽娜舅妈不但想起了女儿,还想起了她最后的死,这令她十分伤心。1945年,在德国投降的前夕,小弗兰茨作为一名医学院学生和实习医生,在从匈牙利的一次撤退中死去了。他留下了一位年轻的妻子和一个金发蓝眼睛的小男孩。

从此,丽娜舅妈的回忆中又多了一双蓝眼睛。再后来,丽娜舅妈也去世了。

　　还有一件事值得一提。那是大概在 1910 年,在一列开往荷兰的快速火车上,一位同车的乘客走到弗兰茨舅舅面前说:"对不起,请原谅我来打搅您,奥古斯丁先生!我是上帝派来的使者,他让我转告您,您好多事情都做错了!""让我安静一会儿吧!"舅舅不满地咕哝。当对面的乘客还兴奋地坚称自己是上帝派来的使者,肩负着任务一定要说服他时,弗兰茨舅舅恼怒地把头上的帽子往下一压,盖住眼睛说:"在我看来,你只能称为兔子!"

●●● 第十四章　雷曼先生的两面性

在学校学习了四年以后，班级里大概有一半的同学离开了缇艾克大街，告别了学校，他们在复活节之后，骄傲地戴上彩色的帽子，去了高级中学、实科中学、改良中学、理科中学或者是实用中学。离开的这一半同学并不都是因为成绩优秀，其中倒是有相当一部分成绩很差。我们另外一半学生虽然还留在缇艾克大街，这倒不影响我们继续学习更多的知识，变得更聪明更优秀。我们所有的学生都知道，在入学四年之后要面临一个问题：进入高中还是留在公立学校？其实这个问题的解答最终不取决于我们，而是取决于我们父母的钱包。我们虽然不应该从钱的角度看问题，但是现实的残酷，还是在我们每一个留下的孩子心里都埋下了一丝微苦。生活有时候是不公正的，我们必须正视这一点。

因为每一个班级都走了差不多一半的学生，所以学校就把两个平行班级并成了一个。我们的新班级来了一位名声很臭的教师——雷曼先生。在他还没有来我们班之前，我们就听说他非常可怕，他要求班上的学生必须在一年之内学完别人在两年之内才能学完的全部内容。当他来到我们班，我们发现他竟然比传说中的还要严厉，还要可怕。别人说他每个星期都要打断一根教鞭，事实也确实这样，一点儿也没有夸大。听说雷曼先生要到我们班时，我们都吓得发抖。当他真的到了我们班时，我们抖得更厉害了。当我们整日和他一起相处时，不但我们的头很疼，屁股也很疼。

雷曼先生一点儿也不风趣，他也一点儿不理解风趣。他每天用大量的家庭作业来折磨我们，累得我们几乎要晕倒。他每天用各种学习材料和听写练习以及试卷来折磨我们，就连最聪明最优秀的学生也被他搞得神经紧张。每当他踏进教室的门,大家的心顿时都凉了半截。"把本子都拿出来!"假如现在有老鼠洞,我们真想钻进去躲着,可是哪里有这么大的老鼠洞呢?能一下子容纳30个男孩子? 他一个星期要打断一根教鞭的话,其实只说对了一半,他一个星期其实要打断两根教鞭。

我们的雷曼先生每天至少要勃然大怒一次。他要管教那些在他眼里出现的懒学生、调皮捣蛋的学生、笨学生、沉默的学生、胆小的学生、顽固的学生、上课说悄悄话的学生、说话大声的学生和不自信的学生。我们班30个男孩哪一个在他的眼里没有毛病? 哪一个没被他教训过? 雷曼先生是很容易愤怒的。

他有时会打我们耳光,打得我们脸蛋都肿起来。他拿着教鞭,让我们伸出手来,狠狠地用教鞭抽打五次甚至十次,直到手掌被打得红肿发烫,火辣辣的疼。因为我们都有两只手,所以他每次打完了左手还要打右手。如果有人因为害怕把手收回来,他就会更加用力地用教鞭打到拳头和手指上。有时,他还会让六七个男孩子站成一排,他在后面用教鞭狠狠地轮流抽打我们的屁股,此起彼伏的哭喊声汇成一片,就像男童合唱团发出了恐怖的大合唱,难听到连我们自己都捂上了耳朵。如果学生在黑板前写不出答案,他就拿着教鞭使劲抽打他的小腿肚子和膝盖窝。如果因为怕疼两腿动来动去,他就抽打得更厉害些。有的时候,教鞭顺着长度劈开了;有的时候,教鞭爆裂成两段,飞掉的那一段会在空中呼啸穿过,最后打在我们头上。没有了教鞭,他就会用打耳光代替。然后下一节课,他又会带一根新教鞭来!

那时,有一些教师很喜欢到学校管理员那里挑选教鞭,就像是经常抽烟的烟民喜欢挑选各种牌子的香烟一样。他们有的拿到教鞭后,还要放在一盆水里泡上半天,这样教鞭就会变得更沉,打起人来会加倍地疼。这样的教师简直就是恶棍,他把打人当成了一种个人享受。雷曼先生倒不是属于这种极其卑劣的人,他只是不知道,这种教育方式会给我们带来伤害。他痛打我们,是因为有时候对我们太失望,他不能理解,为什么我们有时候该学会的东西学不会。他不能忍受,我们没有掌握他觉得应该掌握的知识。他很容易失去理智失去控制,他躁狂症犯了的时候,就像是精神病院里跑出来的病人。

　　总是不断地有学生家长到校长那里去告状。他们心情沉重地向校长描述雷曼先生对他们孩子的鞭打，甚至还掏出了医生开出的伤情证明，他们觉得孩子受到恫吓和威胁，有的家长甚至留下了伤心的泪水。他们强烈要求校长先生解决这一问题。校长一边听着，一边双手绞来绞去。最后他承诺，一定要把犯了事的教师叫到跟前好好训斥一番。最后，每一次他都要以这么一句话来结尾："这实在是太令人震惊了！因为从根本上来说，雷曼先生是我们学校最优秀的教师！"这话说得当然不对。

　　雷曼先生是一位能干的人、一位勤奋的人、一位聪明的人，他想把他的学生也都培养成像他一样能干的人、勤奋的人、聪明的人。他的出发点是好的。他的教育方法却是令人厌恶的。如果一个能干的、勤奋的、聪明的人没有好的性格，那他就不该成为教师，因为他缺少了教育工作者应该具有的最基本的道德素养：耐心。这里所说的耐心，不是指平时日常生活中做事情时的细心、不着急，而是指一种真正的耐心，包含了对学生的理解、宽容和稳定的精神状态。雷曼先生从严格意义上来说，不是一名教师，他是一名手持皮鞭和手枪的驯兽师。他把教室当成了兽笼。当他不手拿鞭子站在兽笼前，把那30个男孩子当野兽训练的时候，他完全是另外一个人，雷曼先生还原了他自己原来的真实面目。关于这一点，我在一次和他一起单独外出的时候真切地感受到了。那个时候，可以确定的是，班上有三位学生在毕业前将近一年的时间里没有挨过雷曼先生的教鞭了，分别是：约翰斯·米勒、我的好朋友汉斯·路德维希和我自己。

　　我们三个都参加了教师教育培训学校的入学考试，并且都以优异的成绩顺利通过。培训学校的教授先生对我们所掌握知识量的程度感到大为惊讶。他哪里知道，我们是因为有了一位可怕的驯兽师才取得这样夺目的成绩的。雷曼先生对自己也非常满意，这样的结果让他感到很自豪。自从这次考试过后，他就再也没有用教鞭打过我们三个了。

　　有一次在学校，早餐时间我坐在学校院子里吃面包，雷曼先生走了过来，他漫不经心地问了句："你想星期天和我一起到萨克森的黑森林里郊游吗？"我惊讶得呆住了。"晚上就可以回到家了。""代我向你父母问候！问问他们然后给我一个回复。我们早上八点钟在火车站的圆顶大厅里见。""好的。"我不知所措地回答。"把你的运动鞋带上！"

"运动鞋？""我们可能要爬一点儿山。""爬山？""是的，在施拉姆山。这并不危险。"他朝我点点头，嘴里咬了一口早餐面包，然后走开了。见到他走了，我的朋友路德维希马上走了过来："他想干什么？"我照实跟他说了，他摇了摇头："你就瞧着好吧！你的背包里装的是运动鞋，他的背包里装的可是鞭子！"

你们有没有在那种又高又陡的石英砂岩峭壁上攀爬过，就像是苍蝇被粘在捕蝇纸上一样，把自己的身体紧紧地贴在崖壁上，用手指和脚尖抠到崖壁上的缝隙和凹槽里，找到下一处裂缝和落脚点之后，小心地摸索着，左手抠住下一个崖缝，身体跟着向左倾斜一点，左脚也试探着找出下一个落脚点，接着整个身体的重心向左慢慢移动，找到平衡的感觉后，右手和右脚也慢慢跟着转移过来。就这样一步一步小心谨慎地往崖壁上方移动，爬一会儿，歇一歇喘口气，然后再接着往上攀爬。你们还没有尝试过吗？那次我也是一个新手，不过我成功了。

我们一路艰辛，最后终于攀爬到了崖顶。一棵歪斜的松树抓住崖壁，骄傲地生长着。我们坐下来歇息。远处的易北河在阳光的照耀下闪着微微的光，不断地向上蒸腾着水汽。千姿百态的山崖像幽灵一样蹲坐在大地上，黑色的身影映衬在远处的地平线上。空气中散发着夏天的炎热气息。下面的山谷里，我们的靴子、外套和背包不知散落在何处，等下去的时候，还要找到它们。

我以前不知道，雷曼先生还是一名出色的攀岩高手。他能很娴熟、很轻松地在岩壁上找到支点，就像是从他背心口袋里掏东西一样容易。在我攀爬的时候，他就一路跟着我，不断地发出各种指令，指导我的动作，并且把我绑在一根安全绳索上。但是在一段相对容易的攀岩路段，他就放手让我自己摸索了，虽然很害怕，但是我还是体验到了一种完全不同的快乐。当我攀上崖顶，极目远眺时，那旖旎的大地风光更是令我深深陶醉。但是暗地里我还是觉得害怕，担心下去的路会更加艰险。后来证明，我的担心完全是正确的。

苍蝇在捕蝇纸上爬来爬去的时候，至少它往下爬的时候，头也是朝下的，但

我们人类却无法做到。当我们从崖顶往下走的时候，全部的注意力都集中在脚上，而脚是看不到任何东西的，我们只能靠感觉去寻找支点，一厘米一厘米地摸索，直到找到可靠的落脚点为止。如果我们的脚踩到了风化了的疏松砂岩上，脚会突然滑落下去，接下来我们就会两脚落空，整个身体悬挂在空中，这时候将非常危险，我们必须要保持镇定，屏住呼吸，扭头向下借助眼睛的帮助找到附近的落脚点。

　　我至今还清楚地记得，当时攀在崖壁上往下移动时，我几乎筋疲力尽了。我抓住崖壁，扭头往下看，下面又深又陡，我们的外套和背包像蚂蚁一样躺在线一样细的小路上，我吓得紧紧闭上了眼睛，感到一阵眩晕，耳朵也发出嗡嗡的叫声，心脏几乎停止了跳动。过了好半天，心脏才开始慢慢恢复了跳动。当然，最后我还是安全地回到了谷底，取回了自己的外套和背包。否则，我就不能在1957年给你们讲述这次冒险的经历了。从此之后，我的生活似乎又跟某种事情扯上了联系。

　　当我们在山崖脚下把靴子穿起来，把背包捡起来的时候，雷曼先生给我展示了一张地图，他告诉我，上面哪座山峰他爬过了，还剩下哪座没爬。他征服过的山峰数量并不多，他认为，这项活动的风险太大，人们不能冒着生命危险去做，应当适可而止。我们把背包背到肩上，"那么，"我问，"您每次都是单独爬的吗？"他试图微笑了一下。这个问题不是那么容易回答的，他还没有经过正规的攀岩训练。"是的，"他说，"我是一个孤单的攀岩爱好者。"

我们度过了一段非常惬意的下午时光。运动鞋收起来放进了背包。那些陡峭的山岩不再是攀岩运动的目标，它们只不过是古老的来自白垩纪的沉积岩，在海底沉睡了上千年，经历了数不清的岁月之后，逐渐上升，最终静静地伫立在大地之上，现如今还能从岩壁上找到贝壳的痕迹。雷曼先生对这些岩石非常了解，他倾听它们的诉说，然后把它们的故事讲给我听，讲它们如何经过严寒、大火和上万年大自然风霜的洗礼。他就像是一个鸟语者，听得懂大自然的语言。他观察那些野生动物留下的痕迹，把苔藓上生长的孢子菌丝指给我看，他甚至知道它的学名。当我们坐在草坡上享用午后点心时，我们被眼前各种深深浅浅的五彩缤纷的野花陶醉了，大自然就像是一本百科全书，摊开在我的面前，那么丰富那么美丽。

我们坐在蒸汽轮船上沿着易北河缓缓地往家的方向行驶。在轮船的甲板上，雷曼先生翻阅着一本历史书，他给我讲述波西米亚的历史，我们所坐的这艘蒸汽轮船一个小时前正是从那里驶过来的。他还给我讲述了国王奥托卡尔和国王卡尔四世，讲起了捷克民族为反抗德国贵族和德意志皇帝的最高权力而进行的带有宗教色彩的胡斯战争、普鲁士和奥地利两国之间进行的惨烈的普奥战争，越来越多的年轻人卷入了战争，丧失了性命。他越讲越痛心，他说现在整个欧洲简直就是在进行一场自杀的尝试，有太多自以为是的人，整个欧洲都在往病态方向发展。他用手指着前方的德累斯顿让我看，在夕阳的照耀下，德累斯顿在我们面前展示了一幅带有无数尖塔剪影的无与伦比的美丽城市画卷。"那里就是欧洲。"他说。

回到城里，我站在奥古斯特大桥上跟雷曼先生告别，并感谢他带给了我这么美好的一天。他又笑了一下，看得出来，这次他笑得很释然。"看来我是一个还挺有用的大管家，让我当三四个男孩子的家庭教师和旅伴，我会干得相当不错。但是让我管理30个学生，却是太困难了。"然后他就走了，我站在他身后，望着他的背影，思忖了良久。

　　突然间,他站住了,又折返了回来。"带你去攀岩是犯了一个很大的错误。"他说,"我当时其实很害怕,很为你担心,我想应该比你自己还要害怕。""但这确实是非常美好的一天! 雷曼先生。""那就好,我的年轻人。"说完这句话他真的走远了,留给我一个孤独的背影。他自己一个人住,他自己一个人生活,对他来说,30 个学生实在是太多了,去掉 25 个就非常好了。

●●● 第十五章　流连于山水间的母亲

如果讲到和岩石、河流、草地相关的事儿，我就要拿起一支铜号放进嘴里，用力为母亲吹出一首赞歌。这歌声在山谷中、在大地间回响，并很快从四面八方传来了回应，无数大自然的声音汇在一起，形成了一首美妙动听的交响乐，献给我的母亲，向她致以敬意。小河流淌的声音、瀑布的轰鸣声、乡间小路上的鹅叫声、铁匠铺子里的打铁声、蜜蜂在三叶草上的嗡嗡声、牧羊人在山坡上赶着羊群的喧闹声、磨坊水车转动的声音、山谷上空的雷鸣声、公鸡在清晨的薄雾中的鸣叫声、小池塘中鸭子们嘎嘎的叫声、青蛙呱呱的叫声、布谷鸟从林中飞出来发出的布谷布谷声，在田里耕地的马停下来仰头嘶鸣了一声，它似乎也在等待它那在城市的街道中拉车奔驰的伙伴的回应。

那两个一边高声唱歌，一边徒步穿过那片被野火烧焦的广袤土地的人是谁？那两个像流动手工匠一样拿着水壶仰着脖子咕噜咕噜大口喝水的人是谁？那两个翻越丘陵穿越山谷，歇脚的时候拿出煮鸡蛋当早餐，把眼前无限风光当点心享用的人是谁？那两个在暴风雨突然降临时穿上防雨披肩戴上风帽躲进森林里继续赶路的人是谁？那两个夜晚在客栈里舀起一勺温暖的汤送入嘴中，饭后因为旅途疲惫，盖上一条农家花格子棉被，很快进入梦乡的人是谁？

为了我的缘故，母亲开始喜欢上徒步旅行。她认为，通过徒步旅行，能让我开阔眼界、认识大自然、培养坚强的意志和锻炼强壮的身体。所以，她开始着手为徒步远足做各种准备了。那时候，我刚八岁。首先，她去找了一位女裁缝，请她用能防水的罗登缩绒厚呢布料为她缝制了一件绿色外套。这种外套在户外用的服装商店里也能买得到，只不过价格要贵许多。而且，定做可以按照自己喜欢的款式。女裁缝有些吃惊，因为当时很少有女人外出徒步旅行，这样做，需要很大的勇气。薇娜太太是一名制帽女工，她为我母亲缝制了一顶户外旅行用的防水宽檐绿色帽子，上面有两个发插，可以插到头发里固定住帽子。薇娜太太也同样很吃惊。母亲又购买了两件绿色的防雨披肩。父亲倒是不感到惊奇，因为他已经见怪不怪了。他热情高涨地窝在地下室的工作间里为我们打造了两个非常结实耐用的绿色皮背包，大的给母亲，小的给我。就这样，为户外远足所做的准备工作基本上完成了。

当然，其他一些细碎的小东西也不可漏掉。我们又准备了两根铁制登山杖，一个军用水壶，牛油盒、香肠、鸡蛋、盐、糖、胡椒粉，还有一只小汤锅，用来煮豌豆汤和浓缩方便汤，一个小酒精炉、两副轻质刀叉勺。还做了两副涂了防水油脂的皮质靴子套，这种防水油脂和牛油非常像。有一次，我们在劳斯茨的一个什么地方野餐时，就搞混淆了，把防水油脂涂抹到了面包上面。咬了一口之后，我们就知道搞错了，因为实在是很难吃。如果有人好奇想去尝一尝，我绝对不建议他这样做，因为我咬了一口之后，一辈子都不想再尝第二口了。

我们为户外远足事无巨细地做好了各项准备工作，现在只剩下对户外远足运动本身做了解了。我们打算在实践中不断学习。一开始，我们以为，在十字路口找到正确的方向并不是一件难事。可是我们错了。我们有时到了一个十字路口，根据直觉选择了一个认为肯定没错的方向往前走，可是四五个小时之后，我们竟然又回到了原来出发的地方。我们没有印第安人的天生会辨认方向的本领，我们也常常没办法根据太阳的方位来辨认方向，因为在遮天蔽日的大森林里，有时连云朵都看不到。

因此，我们每次远足，都要带上地图和平板仪测绘图纸，用来确定距离和方位。有了这些，我们几乎就不太会走错路了。不久以后，我们还克服了脚上磨出水泡、呼吸困难、骶骨疼痛等困难。在困难面前，我们从不屈服。我们不断地往前走，不断地在前行的路上取得进步，没有任何困难能阻挡我们的脚步。最后，我们终于成为了有丰富经验的户外远足专家，我们常常在一天之内步行 40 千米，甚至 50 千米的路程，没有紧张忧虑，没有心理负担，只有尽情享受。我们在图灵根、萨克森、波西米亚、西里西亚的大地上纵横漫游,我们迈着坚定、缓慢的步伐,登上一座座两百多米高的山峦。我们也曾费力攀爬到更高的山峰,只因为它的存在。如果到了一个非常喜欢的地方,我们会停留在这里彻底休整一天,像一只打呼噜的睡猫一样,无所事事尽情享受。我们常常一出去就是一个多星期,有时甚至长达 14 天。朵拉表姐有时候也会和我们一起外出远足,不过,我更喜欢只有我和母亲两个人的时候。长途的跋涉让我们变得健步如飞,在我们和大自然之间已经没有了任何辛劳的存在。那小河、那微风、那白云和我们有着共同的律动,这简直太美妙了。我们在大自然中收获美好的心情,同时也收获了健康。我们从头到脚从里到外完完全全成为了一个快乐健康的人。古罗马诗人尤维纳利斯就曾说过:有健全的身体才有健全的精神。

就这样,我们征服了图灵根的大森林和劳齐茨山地、萨克森的黑森林以及波西米亚的丘陵地带、埃尔茨山脉、伊尔茨山脉、伊瑟山脉。为此我们感到很自豪并快乐歌唱:"噢,遥远的山谷,雄伟的山峰,还有那美丽的绿色大森林!"从杰申克山到菲希特尔山脉,从罗斯特拉普山到米勒沙乌尔山,我们到处攀登到处征服,在路上我们还参观了为数众多的历史遗迹,修道院、古堡、博物馆、主教大教堂、城堡、圣地教堂、洛可可花园,这些也令人非常着迷。就这样,穿着绿色罗登呢外套的女理发师带着她的儿子一路走,一路看,纵横穿过广袤的大地。有的时候,我甚至还带上了我的彩色琉特琴,这样,我们唱起歌来会更尽兴。"看呐,外面的世界,不要被繁华的外表所欺骗……"我们唱着德国浪漫派诗人艾辛多夫的诗句,自娱自乐。如果诗人还活着,听到我们吟诵他的浪漫诗句,一定会很高兴吧?像我们这样的浪漫情怀,现如今有几个人还具有呢?

　　过了不久，我们还真的遇到了一位浪漫的人。我和母亲在萨克森的黑森林地区已经漫游了好几天，一天，我们来到了林克森巴特的一家位于易北河边的花园饭店，这家花园饭店因一位和艾辛多夫一样的德国浪漫派诗人霍夫曼而出名。这里离我们的家国王桥大街并不远，但是因为我们口渴了而且想参观一下这里，所以走进来点了两杯冰柠檬水。女招待结完账后，我们突然爆发出响亮的笑声。因为付了饮料钱以后，皮夹里几乎空空如也了，我们翻来翻去，只找到了一个小芬尼！真是太凑巧了！

　　邻桌的一位男士想知道，我们为什么这么高兴。当我们把原因讲给他听了之后，他突然向我母亲进行了求婚！他解释说，他是一个在美国赚了大钱的德国人，他想回到祖国找一位妻子。他一见到我母亲，就觉得这正是他想要找的人，他说他不能错过上帝给他安排的良机，更何况，还附赠了一个如此可爱的儿子，这对他来说，是无比的幸运。我们不知疲倦的快乐感染了他，让他下定决心抓住机会进行表白。我们告诉他，我们已经有了一位丈夫和父亲，让他不要再说了。但是他并不放弃。几番回合下来，我们终于明白了这个人的意图，他想通过耍嘴皮子不费吹灰之力把我们两个人都带到美国。所以，立即逃走为最上策了。我和母亲匆匆逃离了花园饭店，这个人一度在后面追着，可是他哪里是我们的对手，很快，我们就在他的视野里消失了。快速跑路的能力拯救了我们，让我们得以继续留在德国的土地上。

　　假如当时我们跑得没那么快，可能现在我就是一位美国的作家了，或者因为我有德语的特长，我成了可口可乐、克莱斯勒汽车和派拉蒙公司在北莱茵－威斯特法伦州或者拜恩州的地区代理人！假如是那样，我也就不可能在 1917 年在林克森巴特的兵营里服役、站岗放哨了，我可能成了一名美国的士兵！在这个疯狂的世界，人们无论在哪个地方，都逃脱不了服兵役的义务。好了，这里我就不多讲了。

　　从某个方面来说，我的父亲几乎是一位过于认真、一丝不苟的家庭主妇！每当我和母亲快要从野外回到家的时候，他就取出各种打扫卫生的工具，用去污粉、肥皂和地板蜡把家里上上下下、里里外外擦个遍，他干起活来一副好像沉醉的样子,他使用各种抹布、拖把、擦窗麂皮,用力把所有的家具、门窗、地板擦得干干净净,不放过任何一粒灰尘。他一直干到深夜,发出各种嘈杂的声音。白天,他都待在皮箱工厂工作,没有时间干这些,下班了以后,他就开始浑身充满干劲地打扫了。住在我们隔壁的邻居格吕茨那和史蒂芬受了噪音的影响,以至于晚上睡不好觉,她们很有怨言:"哎呀,要是那两个到处游玩的家伙明天回来就好了!"

每一次都是这样,当我们回到家一踏进走廊,就会突然感觉自己脏得不像样。那些门把手、炉灶和炉子门都被擦得闪闪亮,窗户玻璃也都一尘不染,我们身上的衣服脏得泛着油光,简直都可以当镜子照人了。我们看起来就像是两个流浪汉。所以,回家第一件要做的事情就是——跳进浴缸。

当终于把自己清洗干净,换上一身干净的衣服,看上去有点像样了以后,我就迫不及待地跑出去, 挨个儿去通知母亲的那些老顾客, 她们的女理发师伊达·凯斯特纳外出旅行回来了,她们又可以去她那儿保养了。就这样,母亲第二天开始忙着理发、烫发、头部按摩和头发清洗保养这些活儿了。那些女士们一个个登门,一个个容光焕发、面貌一新地离开,她们都非常满意母亲的技术。有的时候,当我和母亲外出旅行时,一场婚礼的日期都会因为女理发师不在的缘故而向后推迟。她们一直坚持让母亲打理她们的发型。

晚上,父亲下班回家了,他把我们的自行车扛到地下室摆整齐。我们坐在厨房的饭桌边,他心满意足地说:"你们终于回来了!"再多的话就没有了。当然,根本无须多言,这样就足够了。

出于对母亲的那些顾客的一些需要方面的必要考虑,我们一般外出旅行不会超过两个星期。但是,我的暑假有很长时间。除了外出旅行,剩下的日子里我们每天到德累斯顿附近的森林、池塘或者克劳彻国王森林里的弗里德里希·奥古斯特温泉湖里游泳,有时会玩上半天,有时甚至一整天。我没有上过任何游泳训练课,没接受过任何游泳教练的指导,也没有在腰上套上软木救生圈,在没有任何保护措施的情况下,我自己琢磨着,竟然偷偷地学会了游泳,而且游得还不错。

　　我在水里游泳的时候，母亲就站在岸上一直盯着，她看上去非常担心、非常焦虑。她一直紧紧地盯着我露在水面上的头发，如果我的头沉到了水下面，她简直要疯了。终于，她感觉自己不能再忍受下去了，她决定，自己一定要学会游泳！

　　你们知道吗？那个年代女士们身上的游泳衣是什么样子的？不知道，太好了，让我给你们描述一下吧。它们看上去就像是个装土豆的亚麻袋子，只不过是彩色的罢了，而且还带着两只长长的裤腿。她们头上戴的泳帽，也不像现在这样的有很大的弹性，紧紧地贴在头上，而是像用红色橡胶做成的厨师帽，看上去像大鹅的红顶子。

　　穿着这种傻里傻气、不舒服的泳装，母亲开始了她的第一次下水游泳的尝试。在维科希多夫的池塘边，她小心翼翼地下到了水里，一开始，她是水平地浮在水面之上，她向前做了个有力地滑游动作，张开嘴刚想讲什么，突然就沉下去了！她想说些什么话，我也不知道。

　　后来她再也不愿意尝试学习游泳了。在我母亲的一生中，我很少见到她放弃自己原先的决定。这次放弃游泳，对她来说实在是个意外的情况。

　　在弗里德里希·奥古斯特温泉湖，有一些专门为君主准备的游泳设施。比如装饰着萨克森王冠雕饰的君主更衣室。这种更衣室很少对外开放使用，还有一些普通的更衣室，是为普通大众设立的，租金便宜。来到这里游泳的人很多。这里有一位叫米勒的先生，他是一位来自瑞典的教练。他发明了一种露天的自由体操，人们可以在来这里泡温泉的时候，间或练习一下，舒展筋骨。米勒先生留着两撇翘翘的小黑胡子，经常穿着一件白色的游泳裤，体格健硕，晒成一身古铜色的肌肤。如果是在今天，以他当年的那种状态，肯定能当选"宇宙健美先生"。米勒先生毫无疑问是属于最健美、最英俊的那类人，他身上还有着斯堪的纳维亚人的那种谦逊、简朴、知足的特质。

　　在这个温泉，男泳池和女泳池是严格分开的。我只有在餐厅里才能和母亲见到面。（我至今还记得餐厅里那美味的图灵根煎香肠和土豆沙拉！）米勒先生认为，我们应该在绿色的大自然环境中充分解放自己身体上的束缚，训练各种体操动作,优化身体曲线,然后自信地展示我们的健美的体型。

现在我手中还保留着一张老照片,在这张照片上,一群男人穿着游泳裤按照米勒先生的指挥站成一排,个个昂首挺胸收腹,神气极了。我被安排站在最前面,看上去也很神气,我除了嘴巴上没胡子、个子很小以外,看上去就像个挺拔俊秀的瑞典人!

旁边的女泳池那里,听说我们这边在进行形体训练,效果还挺不错,也很羡慕,她们想亲眼看看,于是米勒先生就受邀去那边进行一场示范性的体操表演。米勒先生是唯一一位可以踏进女士乐园的男士,他的到来,让整个乐园都沸腾了起来,所有的女士都为他着迷,连草地都为之颤抖。但是米勒先生还是尽可能飞快地脱身回到我们这边,继续带领我们做体操训练。

游泳这项运动,给我母亲留下了非常不好的印象,从此她就拒绝做这项运动。后来,她学会了骑自行车,并且非常喜欢、非常享受。丽娜舅妈送给朵拉一辆自行车,我用父亲的自行车练习,学会了骑自行车。我们大家觉得,如果骑自行车出去远足旅行,肯定会更精彩,出行范围也会扩大,所以,母亲决定,自己也要买一辆自行车。她到赛依德·纳乌曼自行车行买了一辆崭新的女式自行车,车子买回来后她就急着推到广场上练车。父亲在一旁扶着车座帮她保持车子平衡,他在自行车转弯的时候一边跑着一边气喘吁吁地给出指导意见。母亲很快就掌握了骑自行车的技术。接下来,我们就要开始我们的自行车之旅了。父亲把他的自行车借给了我,他把自行车的车座往下调整到最低的位置,并祝我们好运。

人干什么事情都需要好的运气。我们骑行的过程中,在那些平坦的路段和稍微费力的上坡路段都没遇到什么困难,也没什么好值得一提的。从莫得格伦桥到威森赫斯是一段很长很陡的上坡路段,我们下来推着自行车走了上去,然后我们又蹬上自行车,到了比劳后转弯驶入草原。我们打算到乌勒朵夫磨坊咖啡屋喝杯咖啡、吃块奶酪蛋糕,或者来块又软又黏的鸡蛋夏克蛋糕(鸡蛋夏克蛋糕是一种萨克森地方的特色蛋糕,曾经一度差点失传)。或许我们两种都想点来吃。最后,我们确实点了两种蛋糕来享用,但是母亲却没什么胃口,她什么都没吃,只喝了杯菊花茶。她看上去很消沉的样子。就在刚才,她骑着自行车从坡上飞驰下来,车头撞到了磨坊边的篱笆桩,"嗖"的一下人飞了出去,跌落在草地上。篱笆损坏了,母亲也受了些轻伤。她受到了惊吓,虽然伤无大碍,但是根本没心情去享用美味的糕点了。母亲是在下坡的时候,忘记踩倒轮闸,车速越来越快,最终失去了控制。

　　如果说这次只是发生在一个初学者身上一个意外的倒霉事件,倒也不能这么说。因为在以后的很多次外出骑车旅行中,母亲总是在下坡的时候忘记踩倒轮闸。她从来没意识到,中途应该停下来休息一下或者下坡的时候踩一下倒轮闸让自行车速度放慢些,她总是那么兴致勃勃地往前冲,就像是一个不知疲倦的环法自行车赛手一样。

　　在比利牛斯山区,母亲骑着自行车顺着山坡一路冲了下去,我和朵拉在后面追赶她。当我们在山脚下终于追上她时,看到她站在自行车旁边,脸色煞白地说:"哎呀!我又忘了。"当她骑着自行车顺着奥古斯图斯堡那又高又陡的街道一路向下,风驰电掣般地冲到埃尔德曼多夫时,我和朵拉吓得心脏几乎停止了跳动,因为这非常危险,如果发生碰撞,后果不堪设想。好在没有发生。也许有一位守护天使一直在母亲身边保护着她吧。但是,正因为母亲这点,骑车远行对我来说,甚至变成了一种精神上的折磨。你们想象一下,有时候她会在半山腰从车上跳下来,让自行车自己飞下去。或者她骑着骑着,转弯的时候掉到街边的排水沟里。虽然各种状况不断出现,但好在后果都不很严重,但是不管怎样,我们的神经和她自己的神经都变得越来越脆弱了。这不应该是假期应有的感觉。最后,我们决定,还是放弃了这种骑自行车旅行的方式,又改回了原来的步行远足。我们把那辆女式自行车放到了地下室,从此之后,再也不用担心倒轮闸的问题了。

　　假如我是一位心理学教授,我要针对这个心理学现象做一个深度的研究,然后在心理学专业杂志上发表一篇题目为《针对——与倒轮闸相关的变态心理现象所引申出的心理学研究意义》的论文,在里面我写着:对伊达·凯斯特纳夫人来说,也就是我上面提到过的那位女患者,她的生活的重心都在她儿子身上,为了把他培养成人,她自己不断努力,不断前进,就好像是一直努力往山上爬,她已经习惯了向上努力的感觉,从不知道停下来休息。所以当她下山时,她本能地有一种心理上的抗拒,这让她完全忘记了应该采取一些积极的有效的预防措施,最终导致了不愿意见到的结果。就是这样的思维习惯和感觉让她丧失了清醒的理性。尽管赛依德·纳乌曼公司提供了优质的倒轮闸,但是对于伊达·凯斯特纳夫人来说，在遇到危险的情况下，她完全慌乱了，倒轮闸对她来说完全陌生，她忘记了它的存在和使用方法，在她的潜意识里，根本没有倒轮闸的存在。她在潜意识里既否认下坡的存在，也否认倒轮闸的存在，所以在下坡的过程中，她不知道应该采取刹车的措施。她向上攀爬的思维惯性过于强大。她从来没有意识到，山不但有上坡面，也有下坡面。

　　幸好，我不是一个职业的深入研究人心理的学者，这样我就不需要写这么一份意味深长、内容深奥的学术论文了。我不擅长用心理学的学术观点来剖析和解释人的一些行为，我更感兴趣的是，把人的行为具体地描写出来。描写出来的东西往往就能解释一切。我上面之所以写了那么一段，纯粹是觉得好玩罢了，我倒是没期望大家能从里面领悟出一些什么有用的真理。

　　不管怎么样，我们都感到非常高兴。那件令人精神备受折磨的事情终于结束了，而且，并没有什么不幸的事情发生。最高兴的是我的父亲，现在，他终于又可以骑着自行车上班了，不用再去坐有轨电车了。

●●● 第十六章　1914那年

　　我逐渐长大了，父母也不再年轻。朵拉表姐从学校毕业了，我也到了年轻气盛的年纪。朵拉开始把长发高高地盘起来，我也不愿意再穿男童短裙了，认为那只是为小屁孩准备的。朵拉后来一直保持着盘发的新造型，我却放弃了我原来对未来的憧憬。其中有一两年，我们彼此变得陌生起来。

　　自从我不再是个小男孩了，我和朵拉表姐之间的友谊也发生了一些变化。她不会再笑着把我打扮成女孩子的样子，我则一门心思想着如何在研讨课典礼期间找到最好的教授和最好的同学，这让我很投入。研讨课结束后，我在洋溢着节日气氛的体育馆大厅内被成群的人围着，这让我感受到了从来没有过的激动，我在这里的体操技艺表演非常成功。我把金色的头发束起来，穿着厚棉衬衫在高空吊环上做着高难度的体操动作，成功的表演让我收获了许多崇拜之情。这里我就不再多说了。

　　朵拉在她的坚信礼完成之后，就由我母亲陪着再次前往波罗的海旅游了。丽娜舅妈没有时间陪孩子，所以就委托我母亲陪伴她旅行，同时教她一些女人的礼仪和规矩。她们去的地方叫慕特兹，她们在那里寄了好多风景明信片和合影照片回来，这些照片都是在海滩边拍的。

　　在这个没有母亲的星期里，不上课的时候，我都是在阿尔贝特广场边的别墅里度过的。晚上父亲下班后也会骑自行车来这里，我们和弗里达、舅妈一起坐在厨房里吃晚餐，直到很晚才回家。弗兰茨舅舅言简意赅地发表了看法，他的妹妹和他的女儿到波罗的海到处闲荡，确定无疑是种愚蠢的行为。当然丽娜舅妈听了一声也没吭。如果是为了她自己，她是没有勇气违抗舅舅的意见的，而为了朵拉，她愿意冒点儿风险。

那位教师和房客，保罗·叔里希先生，家里缺少了主妇操持的那种空落落的感觉一点儿也不比我和父亲少。家里缺了主妇，我缺了母亲，这种空落落的感觉真让人感到垂头丧气，对一个少年来说，感觉尤其强烈。

学校放假的时候，我和母亲还是和以前一样，到处去旅行。有的时候，盘起长发的朵拉表姐也会加入进来。但是，像以往那样，在博恩兰顿长达数天的长时间远足和晚上在荒郊野外随便找一家农舍住宿的日子再也不会有了。金色的时代已经过去，银色的时代到来了，它同样有着自己的光辉。

我的母亲这时已经 40 岁了，这在以前已经是较老的年纪了。如果是现在，40 岁仍然还很年轻，人活得也更长了。人的寿命之所以增长那是因为人想活得更长。人类进步的愿望在各个方面都得到了体现，如果你稍加留意，便能觉察出来：最长的拦河大坝、最长的飞机航线、最长的寿命、最长的圣诞史多伦蛋糕、最长的商业街、最长的人造纤维、最长的电影、最长的会议，哦，还有最长的耐性。

我的母亲年纪渐大，远足旅行的距离也变得越来越短。

我们把它压缩成一天的郊游，这样也同样能带给我们远足的快乐和满足。我们乘上有轨电车，坐到终点站下来，然后徒步去郊区的各个地方。我们去皮尔尼茨或者维茵博拉，到海茵茨山或者威因斯希山，到克劳彻或者布拉恩森，到处都是绿色，处处是美丽的大自然。乘上驶往郊区的火车，半个小时之后，我们就远离了喧嚣的大城市，来到了宁静的大自然。如果徒步的话，我们则要走上好久。维伦、国王堡、克普斯朵夫、长桥、劳斯维恩、哥特娄巴、塔兰特、弗莱堡、梅森，我们在哪里下车，哪里就是度假胜地！有了便捷的现代交通工具，"七里靴"不再是个童话！

当我们从任何一个小火车站走出来时，我们就要依靠自己的双脚来继续赶路了。事先我们会研究好徒步的路线，避开那些容易让人感到劳累的地方，通过一种轻松的散步的方式来享受大自然。现在，那两个大背包都已经被我承包了，母亲感到惬意了很多。

在1914年的那个暑假，丽娜舅妈果断地出了一大笔钱资助我们旅行。我们和朵拉表姐一起去了波罗的海。这次是我最远的一次旅行，我没有带背包，却接受了拎着两个大行李箱的任务。我不能说，我喜欢这样的交换条件。因为那两个行李箱实在是太重了，拎着它们简直太痛苦了，我几乎没法忍受。我甚至感觉到，我的胳膊都快被两个箱子拽得又细又长了，可是，人要那么长的胳膊干什么用？我可不想有那么长的胳膊。

为了赶去赛提纳火车站，我们中途拦了一辆出租马车，这次我们很大方，花钱坐上了马车，不用再辛苦赶路了。在马车车厢里，目光越过那些行李箱，我第一次看到了德国首都柏林的景色。在马车穿过麦克伦堡时，外面是一马平川的庄稼地和三叶草地，再也见不到丘陵和山地了。地平线好像是被拽直了，平坦的大地就像是一张大床，只有几头牛散落在上面吃草。在这样的地方，我可不想徒步旅行。

我们到了梅克伦堡－前波莫瑞州的罗斯托克，那里的港口、汽轮船、小艇、桅杆、码头、轮船装载机，我都非常喜欢。当我们从罗夫哈根火车站走出来，穿过一个深绿色的大森林时，我们在森林里的小径上发现了麋鹿和狍子跳动的身影，我们还遇到了一对野猪夫妇，带着一只活泼可爱的、长着一身花条纹的小野猪宝宝。从这时起，我开始喜欢上这片土地了。在森林中，我还第一次见到了欧洲刺柏。这时，我的手上没有拎着那两只沉重的行李箱，我把它们交给了同行的领路人，他将帮我们把这两只行李箱拎到慕特兹，我们将在那里的一家渔夫客栈过夜。风，吹过了森林，带动了树梢。鼻子里闻到的已经是大海的味道。这里和家乡完全是两样的世界，但是也同样迷人美丽！

一个小时之后，我们来到了大海边。我们爬上沙丘，腿上裸露的皮肤不小心被固沙草擦破。放眼望去，一望无际的、浩瀚的大海出现在眼前，我被这眼前的景色震撼了。这是一片美得令人窒息的海平面，蓝绿相间的海水，绿的像玻璃，蓝的又富于变化，阳光洒在水面上，微微地泛着银光。我吃惊地睁大眼睛，简直不敢相信世间还有如此美景，不知不觉两行感动的泪水流了下来。眼前的这片大海是这么的广阔、深不可测、令人敬畏，又充满了神秘！在那下面，不知有多少倾覆的巨轮在海底沉睡,死去的水手头发里缠满了海藻。还有那沉没的死亡之城维内它,美人鱼在城市的街道中游来游去,她在帽子店和鞋店的橱窗前驻足,凝视良久,虽然对她来说,帽子和鞋根本派不上用场。遥远的海平线那边,一缕烟悄然升起,接着,冒出了一截汽轮船上的烟囱,又过了一会儿,整艘轮船都在海平面上出现了。这是因为地球是圆的,海平面也是圆的。海水连续不断地涌向岸边,白色的浪花不知疲倦地拍打着沙滩,给蓝色的大海镶了一道洁白的花边。海水带来了许多闪着亮光的水母,它们被冲刷到沙滩上,变成一块块苍白色的鱼冻散落在沙子上。海水还吐出了无数的贝壳,其中还夹杂着一些金黄色的琥珀。这些琥珀就像是玻璃棺材一样,里面躺着上万年前的苍蝇和蚊子,它们是有趣的史前时代的证人。

在防波堤那边的一个售货亭里,就可以买得到琥珀。它在那里被当做旅游纪念品销售。在那些新鲜西梅李、儿童沙铲、充气皮球、藤编太阳帽、报纸等各种各样的商品堆中,你会惊喜地发现它。人们从拥挤的城市中逃离出来,摆脱城市的束缚,回归大自然,尽情享受天地间的辽阔。光脚踩在沙滩上,发出沙沙的响声,烈日当头,汗水肆意流下。左右两边,除了沙子还是沙子,沙丘里空无一人。森林和草原也空无一人。度假期间,海岸边出现了很多度假小屋,这些度假屋没有屋顶,晚上可以躺在床上看星星,感觉非常好,也没有门,这倒是让人在换衣服时感觉有些尴尬。周围邻居全都是些陌生的面孔,大家在海边聚居在一起,就像是一群绵羊群或牛群,分不出彼此。

当度假的人聚在小酒店吃着午餐或晚餐的时候,我们走在沙滩上,或踩到海水里,沿着防波堤,一路向外走。或者我们像以前一样,到附近找个地方去散步、去漫游。这里的海岸线一直延伸到格劳尔和阿伦达海。我们到大森林里漫游,发现了冒烟的炭窑。我们来到孤独的森林小木屋,里面提供了新鲜的牛奶和覆盆子。我们借来自行车,骑车穿过罗斯托克草原前往瓦尔内明德,那里有更多的人聚集在一起欢度假日。他们在太阳下面欢聚在一起,热汗直流;他们在草地上烧烤,在两千米之外,都能闻到他们烤肉的香味。我们在这里调转车头,驶回那一望无际的空旷草原。(回草原的路上,在麦克伦堡附近,又一次上

演了惊险的一幕,母亲骑车从高坡上俯冲下去,好在有惊无险。接下来,到了波罗的海边,我就完全不用担心了,因为那里一路平坦,倒轮闸成了摆设。)

世界上最美丽的时刻,就是深夜在海边散步,海浪声声,夜幕低垂,璀璨的星光在头顶上方尽情地闪耀着。一轮银盘似的月亮挂在遥远的天边,往海面上投下一缕银色的光影。海浪连绵不断地涌到岸边,拍打着沙滩,向它诉说着永恒的爱恋。从远方的杰德瑟方向传来信号灯的光束,那是来自丹麦的问候。那里,我还没有去过。我们坐在码头边,默默地看着眼前这一切陌生的景色。突然,一出轻松的歌剧开始在前方上演,而且朝着我们的方向过来,越来越近。那是一艘近海航行的汽轮船返航了,船上挂满了节庆的灯笼,带着一船心满意足的欢乐游客结束了"月光之旅"。它驶到码头,摇摆着靠了岸,喧闹的人群陆续登上岸,从我们身边走过,持续不断的笑声逐渐地消失在沙丘后面。不一会儿,这里又只剩下了我们、大海、月光和沙滩。

1914年的8月1日,德意志帝国皇帝威廉二世在他的度假中发出战时动员令,开始向俄国和法国宣战。士兵们戴上钢盔,骑兵从马厩里牵出他们的战马,战争一触即发。一场史无前例的战争阴霾笼罩在整个欧洲上空。现在再也没有"月光之旅"的航行,沙滩上已经空无一人,阳光沙滩椅摆满了沙滩,上面

却一个人也没有。度假的人群全都消失了，他们毫不犹豫地收拾行李，急忙往家里赶。

　　一转眼，所有的交通工具都租借出去了，就连最后一辆平板车也找不到了。我们只好自己拖着两只大箱子，步行穿过森林，这一次，我们在森林中的沙砾小径上再也没见到小鹿或者野猪了，它们也都躲了起来。慌乱的人们带着大包、小包、孩子、行李箱拥挤在一起，汇成巨大的人流，不断挤着压着推着向前涌动，就好像后方马上就要发生一场大地震一样。森林就像是一个巨大的绿色站台，上面挤满了惊慌失措的人。

　　火车来了，上面已经挤满了人。所有的车厢都塞满了人，柏林卷入了一场危险的政治漩涡。一车车的预备役军人，整装待发，手上举着纸牌，捧着鲜花，被火车运往一座座军营。士兵们群情激昂，士气高涨。整个德意志已经做好了作战的准备，大街小巷到处张贴着来自各个战争前线的最新消息，所有的人都在议论关于战争的事情，愤怒的人们像蚂蚁一样聚集在一起，警察出动不一会儿就驱散了他们。

　　一辆临时增加的特别列车喷着蒸汽从远处驶了过来。我们把母亲和行李箱从火车车厢的窗口塞了进去，接着自己也爬了进去。火车行驶的途中，我们不断地见到一列列载满士兵的火车驶向西线战场。士兵们从窗口挥舞着手，摆动着标语牌，唱着嘹亮的歌曲："前进、前进、前进、誓死忠诚守卫莱茵河母亲！"欢送的人群向士兵们挥手示意。朵拉在一边说："这下我父亲可以卖更多的马了。"当我们一身臭汗、疲惫不堪地回到德累斯顿时,恰好赶上为保罗·叔里希送行,他也被征进了军营。

世界大战爆发了,我的孩童时光也走到了尽头。

●●● 后记
以一个后记作为结束

　　这本书就此写完了，我不知道是否达到了我的预期，没有人能够在写下"结束"这两个字时候，就知道已经达到了预期目标。他站在自己刚盖好的文字大楼前看着，不管他有多么好的语言表达能力，他还是对未来的结果一无所知。在这本小书里，我想告诉大家，半个世纪以前，一个小男孩如何成长的故事。我想把我的童年故事从回忆中拉出来，讲给大家听。当俄耳甫斯打开冥界的大门伸出手搭救爱人欧律狄克时，被告诫不能回头看。我是不是做了相反的事情？我不停地回头看走过的路，为什么现在老是想回顾过去，我也不知道，关于这点，我倒没有多想。

　　当我坐在窗前写这本书的时候，屋外花园里季节交替，景色变换。有时，它会轻轻叩击着我的窗户玻璃，我放下手中的笔，走出屋子来到它们中间，和它们促膝谈心。我们聊一聊天气，季节很喜欢这个话题。我们谈论那些雪花和迟来的霜冻，还有结了冰的醋栗和可怜的正在开放的丁香花。我们还谈到了玫瑰和雨水。谈话的素材实在是很多。

　　昨天晚上，八月来敲我的玻璃窗。它和我用轻松愉快的、还稍带点埋怨的口吻谈起了七月，它说七月每年总是拖着不走，最后令它那么行色匆匆，当小红萝卜刚从田畦里冒出点小头的时候，豌豆花已经盛开，这不是它的责任，因为大丽花已经盛开，西红柿挂满枝头。它把小红萝卜放到嘴里咬了一口，又吐了出来，一点儿也不脆，纤维太多了。"您再拿一个尝尝。"我说。但是它已经跳到篱笆外面去了。"替我问候一下九月。它不会让我出洋相的。""我一定会转达的！"我喊了回去。每个月份都来去匆匆，每一年也是这样，岁月更是匆匆，只有回忆留下来耐心地陪着我们。特别是当我们有耐心地陪着它们时。

　　还有这样的人，在战争年代，将他的珍宝埋到地底下藏起来，藏得非常好，以至于最后他自己都找不到了。也有这样一种回忆，它的主人把它像护身符一样珍藏在心灵深处，它的价值只有对他的主人来说才是珍贵的。当有一天，主人把它介绍给别人时，别人也许会说："先生，说这些有什么意义？就像是一个小芬尼，没什么价值。你为什么要把这些不值钱的东西也捡起来？"是的，在我们的回忆和陌生人的耳朵之间，可能会存在一些误解。一个月光如水的晚上，我在露台上坐着，手里拿着书稿，挑了其中部分章节念给我的四只猫咪听时，我注意到了这一点。

最小的那只猫咪叫安娜。它身上穿着白衬衫和黑色的燕尾服，听了没几句，就跑开了。它年龄还小，不能理解我读的东西。它发现了一只小蜥蜴，爬到了一棵大树的树杈上。它像一位服务生那样坐着，眼睛紧盯着蜥蜴，看来它很想抓住它。

另外的三只猫咪分别是宝拉、布奇和喽喽。它们坐在我的身边，很耐心地听我念书。有时，它们会发出呼噜呼噜的声音，有时，它们会张大嘴巴打个哈欠，真可惜，它们不能用手把嘴巴捂上掩饰一下。宝拉用爪子挠了挠耳朵后面，我看了有些恼火，把手稿合上放到桌子上，它说："您应该把那段描述洗衣间的部分给删掉，就是描写衣服摊开平放着，然后用衣服整烫机熨衣服的部分。"

"为什么？"我问。我的声音听起来有些恼怒。因为我非常喜欢脏衣服洗干净熨烫完后清新、平整、有香味的样子，我很享受这一过程。那个时候我总是非常乐意在一边给母亲帮忙做这件事的。那位于肖恩霍夫街上温特煤炭商店边的晾衣场，以及那些晾衣绳、衣服夹、洗衣筐还有阳光、清风，让我至今难以忘怀。还有，刚洗完湿漉漉的白被单铺在轧压机上，嘎吱嘎吱地摇动曲柄，碾压平整后卷成一束。这样一个令人心生欢喜的白色世界让人怎么能下决心删除掉？就因为一只黑色的安哥拉猫的意见？

"宝拉说得很对。"布奇说。这是一只14磅重的大灰猫。"把描写洗衣服事情的那部分删掉吧。否则我们保留自己的意见并且要骂你。""或者你再来打我们，直到把你的手都打痛了为止。"喽喽，这只黑色的波斯小母猫不高兴地在一边补充道。"我什么时候打过你们？而且还把自己的手都打疼了？"我有些震惊，气恼不已。"没有。"宝拉回答,"但是你经常这样威胁我们,这种行为跟真打是一样恶劣的。""把那些雪白的衣服世界删掉吧!"布奇不耐烦地说着,黑色的尾巴重重地在露台砖头上甩来甩去。"否则我们真的要生气了。"喽喽说,"告诉你,前不久你的那件雪白的衬衫,是因为当时柜门敞开着,外面下雨了,雨水自己把它打湿的,根本不是我们的过错!"

"真是活见鬼了!"我叫道,"我还能区分不出来事情的真相吗?都是因为你们这几个混蛋家伙!你们下雨的时候从外面回来,湿漉漉地躺在我的衣服上才这样的!""你这是狡辩!"宝拉说着,低头舔起了自己的毛发。喽喽用一双金黄色的眼睛瞪着我,无聊地说:"典型的人类!信就信,不信拉倒,我们猫们不会欺骗你们的!"

接着,三只猫咪都掉头走掉了,它们去草地上散步。走到半路,布奇掉过头回来说:"至少你得在书里提到一下耗子,这样就可以顺便把我捉耗子的事情写在里面了。但是,你们人类就是这样,有的时候友好,有的时候冷酷无情,这对于我们猫们来说,已经不是什么新鲜事了。"说完它继续走了。走到一半,又掉头回来。"今天晚上我会回来得很晚。"它通知我,"今天是满月,你懂的,别为我操不必要的心!"说完它真的消失了,从那些它刚刚踏过的草茎的样子上看,能够分辨出它的去向。

现在,我把洗衣服的那章删掉了。并不是因为猫咪们的意见是正确的,而是因为我想尊重它们的意见。刚才我已经把这部分给它们念过了,它们觉得这部分内容毫无价值,现在我只能把这部分回忆重新放在了心底。这让我感觉稍微有一点遗憾,甚至还有些伤心。但是,任何职业都会有烦恼。如果为了讨布奇的欢心,就在书里添加两三只耗子,这样的事情我也不会干的。因为写回忆录有两点必须注意:一是必须舍弃一些内容,不能什么内容都一股脑儿地写出来;二是不能随便添加原本没发生过的内容,一只耗子也不行。

我踱着步子惬意地慢慢穿过家里的草坪,走到篱笆边上站住了。外面正好有一位牧羊人带着他的黑色绒毛狗,赶着一群咩咩叫的绵羊经过,那些个头很小的东方小羊羔,一两个月以后就会长成大个头的绵羊。我们人类生长可没这么快,时间要长得多。那边路上,站着一个小男孩,注视着羊群。他开始追羊群,一边跑一边跳,两只手不时地向上提一提腿上的袜子,他感觉这样很有乐趣。

大约跑了二十几步,他停了下来。因为长筒袜又滑下来了,他必须站住才能好好地往上提一提。我饶有兴致地把胳膊搭在篱笆上,继续看着。羊群跑得比他快,他有点恼火,决心要追上去。羊用自己身上的毛给人类提供了长筒袜,它自己却不想穿,不得不说,羊真是聪明,它知道,不穿长筒袜,就没有袜子老是往下滑的烦恼了。

跑到花园那边的玻璃暖房墙边,小男孩又站住了,他使劲地把袜子高高地往上揪着,看上去这次真的发怒了。接着,他匆匆地转过房角,消失了。我估计,他应该是去格列特大街了。对于这个区域我再熟悉不过了。哦,这样熟悉的长筒袜,哦,这样熟悉的场景,我的母亲送给了我一双羊毛长筒袜,袜筒上虽然有松紧带,但……

呵呵,别怕,亲爱的读者,我现在决定安静下来了,什么都不啰唆了,我不会再继续写一章关于长筒袜的回忆了,工作就到此为止了,我的书终于完成了,总算是了却了一桩心事!